AF509482

Talento

ÚNICO

Talento ÚNICO

Tu Misión de Vida

NURIA SALA BERGILLOS

"Sumérgete en este libro lleno de misiones en forma de bendiciones y conecta con tu propósito de vida."

Título: *TALENTO ÚNICO - Tu Misión de Vida*
© 2019, Nuria Sala Bergillos

Autoedición y Diseño: 2019, Nuria Sala Berguillos

Primera edición: febrero de 2019
ISBN-13: 978-84-09078-02-8

"Todos tenemos un propósito de vida (...) un don singular o un talento especial que podemos dar a los demás.

Y cuando combinamos ese talento singular con el servicio a los demás, conocemos el éxtasis y la exaltación de nuestro propio espíritu, que es la finalidad última de todos los objetivos."

Depaak Chopra

AGRADECIMIENTOS

Agradezco a la conexión y comunicación con mi Yo Superior, con Dios y el Universo, con todos los seres de luz que me acompañan día a día.

Estoy enormemente agradecida por esos ángeles en la Tierra que me abrazan en los días de dolor y desconsuelo. A todos vosotros os amo por simplemente ser mi gran compañía.

Agradezco todos los intentos por encontrar mi razón de existir. Nunca fueron fallidos, ya que cada uno de ellos me ayudó a estar más cerca de la verdad y reconocer mi Ser en toda su esencia.

Doy las gracias a todos los obstáculos, desafíos y controversias a lo largo de mi vida ya que gracias a ellos he crecido y he evolucionado. Trascender ha sido una tarea ardua pero ha merecido la pena.

Gracias a todas las personas que me han demostrado el coraje y la integridad no solo de lo que requiere la amistad y lealtad, sino el coraje de vivir y lograr los anhelos, de cumplir con el propósito.

Agradezco a mis mentores, en especial a la persona que me ha conducido a crear esta obra, llevarla a cabo y sobre todo a cambiar mi vida por completo. Amo profundamente a este ser que ha bendecido mi vida. Gracias por hacer que encuentre mi misión de vida.

Doy las gracias también a todas las personas que han colaborado conmigo de forma directa o indirecta y han contribuido en la creación de la saga completa. Profesionales, familia, amigos, a todos ellos les estoy inmensamente agradecida.

Amo mi vida, mi propósito y misión y amo a todos los que estáis ahí. Sí, a ti que estás leyendo este libro, te doy las gracias por acompañarme en este viaje sin retorno. Gracias, gracias, gracias.

A todos vosotros gracias por hacerme sentir bendecida y amada.

Os amo inmensamente.

ÍNDICE

A ti mi estrella valiente siente tu esencia divina y expande tu Ser. Recuerda tu misión y llévala a todos los corazones.

Hola mi estrella valiente

Volvemos de nuevo a encontrarnos para continuar en este precioso viaje.

Y por supuesto, quiero volver a felicitarte por estar aquí para compartir estas líneas conmigo.

¡¡¡Enhorabuena mi querida estrella valiente!!!

¡¡¡Felicidades por crecer y convertirte en esa estrella que estás destinada a ser y brillar!!!

En este libro te ofrezco un sentido y perspectiva de la vida muy distinta y que ha sido muy enriquecedor y al mismo tiempo sanador para mí. Deseo de corazón que también lo sea para ti.

Sabrás que estás en el libro correcto y que es parte de tu camino si lo que hay escrito en él te resuena dentro de ti. Y ¿Cómo puedes saberlo? Pues porque sentirás que todo lo que lees es correcto o adecuado. Es cuando tu intuición de dice que sí y haces como un "*clic*" acompañado de una palpitación que te manda tu alma en señal de confirmación.

Tu alma sabe y es consciente de todos los pensamientos que tienes, de todas las palabras que pronuncias, de todo lo que haces. Y es ella, la que sabe cuál es tu misión de vida, lo que viniste a hacer aquí, cuál es tu razón de existir.

Cuando te sientes bien haciendo, diciendo o pensando algo es porque tu alma intuitivamente tiene comunicación contigo y te permite la conexión de tu Ser.

Puede hablarte y decirte: *"Este es tu camino"* o *"Este no es tu camino"*, para ello usa las percepciones sensoriales como forma sutil o bien mecanismos más físicos en caso de no ser percibidos los anteriores.

Confía en esa percepción y eso te llevará al camino correcto. En muchas ocasiones pasamos desapercibidos e ignoramos esos mensajes. Entonces nos sentimos perdidos, desubicados, sin rumbo.

Por eso en este libro encontrarás la forma de hallar esas percepciones de forma intuitiva y desatar **TU DON** para encontrar **Tu Misión de Vida**, ese **Talento UNICO** que traerá *abundancia y felicidad* a tu vida.

Observa el sentimiento que obtienes cuando sientas resonancia a esas percepciones. Si no las sientes mientras estás en la lectura de este libro, déjalo a un lado. Pero si las sientes, te pido que consideres la posibilidad de que tu alma te haya llevado hasta estas páginas por una razón y si te ha guiado hacía aquí es porque tu alma ya sabía lo que justo necesitas en estos momentos.

No trates de utilizar la mente en este libro, pues es como si quisieras medir la temperatura con un metro o pesarte con un termómetro. Es absurdo ¿Verdad? Pues es precisamente eso lo que te dirá tu mente racional cuando leas este libro.

Recuerda que tu mente siempre te llevará a la zona de confort para protegerte de todo lo que toma por peligro y si la escuchas no te dejará avanzar en aquello que deseas.

En cambio, si escuchas a tu alma, ella sabe perfectamente lo que tu anhelas y la única forma de medirlo y actuar correctamente es siguiendo a tu corazón. Confía en el sentimiento que hay en tu corazón.

"Cuando tu Alma se une con tu Espíritu para conectarte con tu Esencia Divina se manifiesta la creación de un Ser Consciente de su EXISTENCIA y halla todos los *por qué y su razón de existir*".

¿Te has preguntado alguna vez para qué has venido? ¿Cuál es tu misión? ¿Cuál es mi propósito de vida? Si ¿verdad?

Estas preguntas nos la solemos hacer constantemente y eso surge de nuestra alma. Ella empieza a verle un sentido distinto a la vida y empieza a recordar que viniste por alguna razón. Así que, de nuevo empieza a mandarte señales para que investigues sobre ello.

Si sientes esa llamada, de saber, de recordar, de sentir, entonces debes continuar hasta hallar por completo todas las respuestas.

Para ello es imprescindible tener en cuenta algo; **Y es que todo, absolutamente todo en el Universo se compone de energía que vibra de una determinada frecuencia**. Y que según la frecuencia vibracional en la que te encuentres así lograrás.

Todos los estados son perfectos sólo que cada uno de ellos se atrae dependiendo de tu propio estado vibracional.

Así que, hemos sanado nuestra Mente, Alma y Espíritu, después hemos conectado con el Universo y con nuestro Yo Superior entendiendo así todos sus mensajes y ahora toca conectar con nuestro *Esencia Divina Única* de nuestro **SER**, nuestra **MISIÓN**.

"Cuando tu Esencia Divina está conectada a la vibración del Universo es cuando ocurre el milagro, recuerdas quién eres y a qué viniste".

Y el papel de la vibración tiene mucho que ver en este libro, porque tu alma reconoce todo aquello que vibra en tu misma frecuencia. Tu alma recuerda otras vidas por la vibración. También llega a unos acuerdos antes de nacer según la vibración. Y lo más importante, todo se creó en este planeta según la vibración, tú fuiste creado/a según la vibración.

Como ya te he dicho, la energía se mueve por vibración y si todos somos energía todo lo que nos mueve es la vibración.

Quizás ahora mismo no entiendas nada de lo que te estoy contando pero te prometo que si continuas lo entenderás a la perfección. Deja fluir toda la información que recibas y conecta todos tus sentidos.

¡En breve lo entenderás!

¿POR QUÉ LEER ESTE LIBRO?

ANTES DE EMPEZAR...

Me encantaría explicarte los motivos por los que deberías leer este libro pero sinceramente no tengo ni idea de cómo hacerlo.

Quizás te has sorprendido de la respuesta ¿No? Esperabas un discurso o explicación exacta de algo que puede interesarte.

Pues no. No puedo responderte por la sencilla razón de que los motivos por los que deberías leer este libro no los sé, es algo que lo sabes tú mejor que yo. Realmente, no sé qué fue lo que te trajo aquí. Puedo intuir que es tu hambre de saber cuál es tu misión, tu propósito pero el por qué leer este libro y no otro, no lo sé.

Habrás leído miles de libros que te hablen de propósito de vida o de talento único. Quizás sea porque aún no hallaste respuestas a todos los *"por qué"* de tu mente. Quien sabe...

Puede que sea la inquietud de saber quién eres y a que has venido, y por ahí sí puedo ayudarte. Si, si, puedo hacerlo. En las siguientes páginas encontrarás información canalizada sobre toda la VERDAD.

Y posiblemente lo entiendas como algo de fantasía o cuento pero tal vez por eso estás aquí y no en cualquier otro libro, con más explicaciones teóricas e investigaciones científicas, etc.

La verdad es que los datos que te voy a dar sólo lo podrás contrarrestar con otros seres que han canalizado información del Universo, pues es de ahí que proviene toda esa información. En tus manos queda creer o no creer.

> *"Los milagros son solo la consecuencia de atrevernos a creer".*
>
> **Anónimo.**

Y sí, quizás logres aquello que tanto anhelas o encuentres respuestas a tus dudas, pero, ¿Y qué haces con ello? ¿Viene algo más detrás de todo esto? ¿Hay razón alguna de toda esta información?

Déjame preguntarte algo muy personal: ¿Qué harás cuando sepas todo lo que te expongo a continuación? ¿Qué pretendes hacer cuando conozcas la verdad?

Posiblemente nadie sepa las respuestas a estas preguntas pero hay algo dentro de ti que te dice que hay que llegar al fondo de la cuestión. Y que si has sanado, limpiado y vaciado para aceptar nueva información y entender mensajes del Universo ahora no vas a quedarte a las puertas de la conexión de **TU DON**, de tu **SER DIVINO.**

Ahora quieres conectarte con tu Yo Superior, encontrar tu misión de vida y expandirlo a la humanidad. ¿Verdad?

Ahora que estás aquí quieres todo eso porque sabes qué es eso a lo que viniste. Tu alma lo sabe y está hambrienta de saber hacerlo.

> *"Cuando habla el alma no son precisas las palabras".*

Lo que sí puedo hacer es contarte qué es lo que te vas a encontrar aquí y transformarlos en tus principales motivos para disfrutar de este espectacular libro:

1.- Obtendrás una **CONEXIÓN** especial con el Universo transmitiendo así una fluida transmisión de información y una guía muy importante para ti.

2.- Tendrás una constante **COMUNICACIÓN** con tu Yo Superior y conectarás con él a todas horas para transmitirle aquellas experiencias que deseas vivir.

3.- Conocerás la **MAGIA** que hay en ti. El don creador que hay dentro de ti que te llevará a construir tus sueños de manera única.

4.- Vas a **DESCUBRIR** tu misión de vida a través de la conexión con tu Ser Divino y Único que eres. Aquello por lo que viniste al mundo y aquello por lo que te traerá abundancia y felicidad.

5.- Llevarás a la **PRÁCTICA** constante todas las enseñanzas y lecciones que aprendas de forma dinámica y fluida.

6.- Vas a **RECONOCER** en ti el ser Único y Universal. El Poder Superior Único que se expande a través de tu Consciencia.

7.- Permitirás **EXPANSIÓN** y apertura de la creación de tu misión. Tu talento debes expandirlo a la humanidad y así completar tu propósito.

8.- Podrás **COMPARTIR** con todos la experiencia vivida con los resultados obtenidos. Y quizás mejor en vez de podrás sería deberás. Es un deber transmitir todo lo aprendido con todos los seres que te rodean.

9.- Recibirás toda la **ABUNDANCIA** y felicidad que te mereces. Habrás completado tu propósito y estarás en sintonía con tu misión. Y una vez lo expandas a la humanidad recibirás esa abundancia que tanto te mereces.

Lo mejor de todo esto que te encontrarás en este libro es las bendiciones que recibirás del Universo. Porque ¿Sabes una cosa? El principal motivo por el que viniste al mundo es para ser feliz y lo que te llevará a ser feliz lo tienes aquí, está en ti. Este libro, tan solo te lo va a *recordar.*

ABUNDANCIA Y FELICIDAD es lo que te mereces y es lo que recibirás devuelto y multiplicado. Porque es Universo es generoso con quien da y hace todo lo posible para expandir su propósito a la humanidad. Es tu recompensa.

¿Te quedarás sin ella?

¡No lo permitas! Es tu derecho de nacimiento y además es tu deber dar y recibir.

¡En esta contra-partida todos ganamos!

Así que, ahora que sabes todo sobre lo que te encontrarás en **"Talento ÚNICO, Tu Misión de Vida"** y sabes que tienes un deber que cumplir con toda la humanidad, que estamos aquí para compartir todos los dones y repartir nuestro talento, contribuir a la abundancia y felicidad del prójimo, sabes que estás en el camino correcto. Tu corazón se expande, tu alma se llena de gloria y alegría, tu espíritu reconoce su hogar. Ahora que sabes todo eso y todo lo que puedes ayudar a los que más amas, que jamás volverás a sentirte solo/a y qué todo el mundo verá todo lo que has logrado y cómo has cambiado, que ahora sí eres feliz. Ahora que sabes todo eso ¿Qué harás? ¿Te guardarás todo lo que averigües y descubras en este peculiar libro?

Si aún piensas que no tienes nada que ofrecer déjame decirte algo más…

Cuando te comunicas con tu Conciencia más elevada, tu Yo Superior, encuentras tu don o talento único y lo pones al servicio de la humanidad, estás completando tu misión de vida. Y eso es a lo que has venido a hacer. Eres un Ser Único pero a misma vez estás hecho en semejanza al Creador y todos los seres creados por él son seres extraordinariamente creadores y capaces de conseguir que su alma, esa estrella que va de vida en vida se restablezca. Que cumpla con labor de experimentar todo aquello que un día quiso experimentar, vivir, sentir. Eres un ser capaz de reconocer donde está tu hogar y regresar a él cuando ya hayas experimentado todo lo que tu alma necesite. Puedes volver a casa cuando desees. Mientras tanto sé feliz y abundante.

Quizás tengas una sensación extraña y de incertidumbre. Puede que digas ¿Qué hago yo aquí? O quizás ¿Por qué tengo este libro en mis manos? ¿Qué me dirá Nuria que no sepa ya? Posiblemente tengas miles de preguntas o puede que sientas que esto no puede ayudarte, pero ¿Y qué me dices de lo que puedes hacer por los demás?

No quiero convencerte de nada, como bien sabes por los demás libros de la trilogía **TU DON**. Pero y si en vez de pensar en ti, que es maravilloso, por supuesto, piensas en todas esas personas que puedes ayudar con tu don o talento único.

<u>Podrás hallar miles de libros que te hablen de lo mismo; de la conexión con tu Conciencia, pero en este encontrarás la MISIÓN que te llevará a la ABUNDANCIA Y FELICIDAD.</u>

Resumiendo…

Conoces esa comunicación con el ser más elevado que tú, esa Conciencia, que sabes que es posible hallar ese don o talento que está dentro de ti, que eres capaz de expandir todo lo que eres y conoces y que cuando quieras puedes volver a casa. Dime ¿Quieres conocer todo que hay en ti aún por descubrir? ¿Vamos a adentrarnos al mundo Consciente y hacerlo realidad?

¿Qué tal si empezamos a experimentar qué se siente en estar en conexión contigo y con el Universo, hacer algo que te fascina y pierdes la noción del tiempo y además puedes ayudar a miles de personas?

Responder a estas preguntas no va a hacer que cambie nada. Lo único que se puede hacer para cambiar algo es **CREER** lo que haces y **HACERLO**. Tienes una **MISIÓN** que cumplir y mucha faena por hacer.

Sé que eres una persona que quiere que todo cambie, que el mundo sea mejor. Así que, sin perder más tiempo, ¿Vamos a ello? ¿Sí?

¡Estupendo! Me encanta esta iniciativa tan valiente.

Te felicito nuevamente mi estrella valiente porque sé que no es fácil lograrlo pero sé que lo harás. No sabes la ilusión que me hace saber qué quieres ser la **mejor versión de ti** y poder entregarla a todos los seres humanos.

¡¡¡ENHORABUENA!!!

¡¡¡CULMINEMOS ESTE VIAJE MÁGICO ALMA VALIENTE!!!

¿VAMOS?

ALGO PARA TI

IMAGINA...

Imagina que vives en un sueño en el que tú manejas todo lo que deseas en tu vida. Imagina que en ese sueño puedes crear tus deseos y que además haces feliz a las personas que te rodean.

Cierra los ojos y hazlo.

¿Lo tienes?

Ahora imagina que aquello que te gusta tanto hacer se vuelve tu profesión y tienes éxito con ello.

Imagina que eso que se pasa las horas voladas haciéndolo y disfrutas muchísimo, se convierte en tu oficio.

¿Ya?

Por último, imagina que eso que se ha convertido en tu profesión, además lo expandes hacía los que te rodean primero y luego hacía el resto de la humanidad.

¿Lo hiciste?

Ahora dime: ¿Qué sentiste?

Anótalo

. . . .

. . . .

¿Puedes volver a cerrar los ojos y volver a imaginar lo anterior? Pero ahora hazlo con este sentimiento mucha más grande y siente como se expande desde tu corazón hacía mucho más allá del Universo.

¿Qué tal? Que sensación más bonita ¿no?

Ahora anota aquí cuál es eso que te gusta tanto hacer y que has visualizado:

....

....

....

 si te digo que puedes lograrlo? ¿Me crees? Guarda esta página para el final del libro y te lo demostraré...

Luego escríbeme a nuriasalabergillos@gmail.com y cuéntame tu sueño. Recuerda que compartiendo se expande, y si expandes se manifiesta tu deseo.

Deseo de todo corazón que ese sueño cumpla con la necesidad de otro ser y tu completes tu misión.

¿Cómo usar este libro?

PASO A PASO...

Después de mucho investigar, de buscar todo aquello que a mí me funcionaba en cuanto a la sanación, tener toda esa conexión con el Universo y mis guías mucho más clara, ahora tocaba ponerme las pilas para encontrar mi misión de vida. Contactar con mi Ser Divino y descubrir a lo que he venido a este mundo y además poder ponerlo al servicio a la humanidad.

Pues aquí podéis ver cuál es mi propósito y os lo pongo al servicio de todos. Tú, mi estrella valiente, tienes la oportunidad de tener todas las herramientas necesarias para encontrar el tuyo y exponerlo a los demás.

Es algo que te llena de alegría y satisfacción porque sabes que estás en el camino correcto. Sobretodo el saber que con este libro y todo lo que ofrezco es para ayudar a muchas personas a encontrar y reencontrar aquello que es su esencia divina y que tanto nos cuesta volver a la conexión.

<u>Mi trabajo consiste en Sanar, conectarme con la Conciencia Superior y con el Universo y enseñarlo cómo hacerlo a todas las personas que lo requieran. Este es mi propósito de vida.</u>

Uno de los consejos que quiero darte es que todo lo que, tanto aquí como en los anteriores libros aprendas, lo lleves a la práctica. **Que empieces a sentir la Unión** de la trilogía. Es decir, **sanación, canalización y misión**. Cuando unificas e integras estas tres fases es cuando logras la felicidad absoluta y la abundancia infinita.

Cuando integras todo lo adquirido más todo lo que recuerdas que eres y lo expandes a la humanidad, entonces creas abundancia infinita.

Que cada paso que des, sepas con absoluta certeza que lo haces de corazón y aunque puedan existir miles de dudas de si lo haces bien o mal, si es así o no lo es, si podrás conseguirlo o no, quiero que sepas que siempre estaré a tu lado si así lo deseas.

Así pues...

¿CONTINUAMOS CAMINANDO JUNTOS?

En los procesos finales muchas personas abandonan, bien por miedo o porque creen que no lo pueden lograr.

Cuando llegamos al punto de encontrar la misión es cuando más fuerza debemos adquirir. Es el empujón final del comienzo de algo maravilloso.

Pero en muchas ocasiones, la mente, el miedo, la duda y todo lo que es parte de nuestro ego, hace que retrocedamos y no lleguemos a nuestros sueños. Justo a las puertas de la felicidad nos quedamos estancados y bloqueados.

Entonces si justo ahí damos un paso más, llegando así a completar tu misión, es cuando vienen todas esas bendiciones que tanto te mereces.

Ángel, un profesor de guitarra se dedicaba a impartir clases de música y siempre creyó que esa era su misión. A medida que iba teniendo experiencia como profesor de música fue recopilando ideas y técnicas de enseñanza musical. Con el tiempo fue surgiendo en él el deseo de plasmar todas esas ideas en varios libros. Y así creó sus primeros libros de música que escribió.

Pero, sin embargo, cuando los tuvo escritos se encontró con la limitación del dinero para publicarlos. Así que desistió. Dejó todos sus apuntes en una mesa acumulando polvo. Para colmo, su esposa enfermó y tuvo que retirarse de su empleo dejando a Ángel toda la carga económica sobre él. Lucharon durante mucho tiempo y no se rindieron. Aun así la carga económica seguía con gran peso sobre él, necesitaban ingresos extras para mantener ingresos estables.

Fue entonces cuando la esposa de Ángel le sugirió que publicara los libros que había escrito tiempo atrás. Vio una salida en Amazon, había una opción en los cuales los autores podían auto publicarse por bajo costo. A Ángel le pareció una idea formidable así que publicó sus libros en formato Kindle. Y a partir de ahí, empezó a formarse en marketing y promovió sus libros.

Lo que a primera vista parecía un gran problema, terminó siendo algo que les sacó de la zona de confort y les impulsó a emprender su negocio digital. Empezaron por necesidad y acabaron descubriendo su misión de vida. Y lo digo en plural ya que también la esposa de Ángel se reinventó y se lanzó al negocio digital. Ella aprovechó sus días de enfermedad para escribir todo lo que vivía con ella y ayudar a otras personas a superarla. Los dos trabajaban por cuenta propia y crearon un sueño que al principio parecía imposible de cumplir.

Como puedes ver, caminar juntos es muy importante. Formar un equipo ayuda al acompañante a superarse cada día, no sólo en los retos y desafíos de la vida, sino cuando estás a punto de abandonar. Y eso es lo que hacemos justo cuando estamos a punto de conseguirlo. Ángel abandonó los libros y justo cuando ya no le veía ni una opción surgió una idea en su compañera de vida. Esa idea acompañada no sólo hizo cumplir el sueño de Ángel, sino el sueño de su esposa.

Todos, absolutamente todos, podemos conseguir nuestros sueños y cumplir con nuestra misión.

Pero si todo esto lo haces acompañado/a mucho mejor ¿No crees? Pues aquí estoy yo para acompañarte en este proceso y que llegues a culminar tus sueños y proyectos, para que estés alineado/a con tu misión de vida y seas la persona más feliz del mundo.

Por todas mis experiencias y desafíos sé de primera mano que es muy importante el ir acompañado/a en el caminar y evolución. Y como todos tenemos algo muy importante que hacer en este mundo pues vayamos hacerlo. Eso sí, acompañados/as. Todas esas estrellas valientes se **UNIFIQUEN** para lograr los más grandes **ÉXITOS MASIVOS.**

DESCUBRE

Puede que en cada página de este libro descubras nuevas cosas; conceptos, explicaciones, teorías, o incluso conclusiones que tú mismo/a sacarás. Te pido que todo lo que experimentes en él lo medites y lo lleves a la práctica. Tu conciencia tendrá más apertura y será mucho más elevada conforme te vayas adentrando en este viaje.

Quizás te sientas inclinado/a a ir de inmediato hacia los capítulos que puedan tener más relevancia para ti. Sin embargo, te recomiendo que leas en orden ya que desde el principio es de crucial importancia lo que se detalla en cada uno de los capítulos.

Empieza:

- Una **lectura detenida** en cada capítulo. Puede que algo tengas que volver a repasar.

- **Toma anotaciones** de todo lo que vayas aprendiendo y practícalo.

- **Relee y repasa** aquellos conceptos que sean nuevos para ti. Detente las veces que te haga falta hasta que llegues a la comprensión.

- Cuando hagas los **ejercicios** presta especial atención en la forma que se van **manifestando**, puede ser un indicio de **camino** que debes tomar.

- Si tienes **dudas** puedes consultarme, **escríbeme** a mi correo electrónico y te ayudaré a resolver tus dudas.

- **Subraya y remarca** aquello que te parezca interesante pues puede ser **una pista de tu misión de vida.**

Como puedes ver, no es un libro de lectura simple, de esos libros que los lees y luego lo dejas en la estantería o librero. No. Este libro, igual que el resto de la trilogía, es para que alcances la transformación personal, espiritual y álmica. No pretendo que seas un/a "crack" en materia de espiritualidad y desarrollo personal, nadie lo es. De hecho todos estamos en continuo aprendizaje. Pero si me gustaría que cada vez te vuelvas más y más experto/a en todo aquello que aprendas y que quiero mostrarte.

Sé que tú eres un ser increíble capaz de lograr aquello que te propongas. Así dale duro y siéntete seguro/a que SIEMPRE CAMINAREMOS JUNTOS.

¿JUGAMOS?

A JUGAR...

Te invito a hacer un juego que quizás ahora mismo no le veas mucho el sentido ni te resulte divertido. Pero te servirá como punto de partida. Lo entenderás cuando estés en el proceso para encontrar tu propósito de vida.

Cierra los ojos y respira profundamente tres veces.

Visualiza cómo sería tu vida si ya hubieses cumplido tus sueños, como si ya estuvieras en tu misión de vida.

Siente y vive este momento como si fuera real. ¿Qué sientes? ¿Qué estás viendo? ¿Eres feliz?

Anota todo lo que veas y sientas:

. . . .

. . . .

. . . .

. . . .

Ahora quiero que vuelvas a ese lugar donde tú has cumplido con tu misión y le preguntes a tu "yo feliz" qué debes hacer para llegar a ser ese ser tan feliz que ves ahí.

Anota la respuesta:

. . . .

. . . .

. . . .

. . . .

¡¡¡ENHORABUENA!!!

¡¡¡Ya tienes tu primera revelación!!!

¡¡¡Adelante estrella valiente!!! ¡¡¡Ves a por tus sueños!!!

Si durante la lectura de este libro; en este viaje que estás a punto de iniciar hacia tu misión de vida, sientes que debes compartir alguna frase que te inspire o recomendar el libro, hazlo.

Sácate una foto con el libro y compártelo en las redes: FACEBOOK O INSTAGRAM:

Al final del libro te voy hacer un regalo…

Estoy eternamente agradecida de compartir estas páginas contigo y con el mundo entero. ¡Vamos a por nuestros sueños!

¡¡TE ESPERA LA MAGIA!!!

¿VAMOS?

¿QUÉ TE VAS A ENCONTRAR AQUÍ?

TODO LO QUE DEBES SABER…

Ya imaginarás lo que en este libro te puedes encontrar porque en los anteriores te he ido hablando de él. Y ahora que te he dado los motivos para leerlo y cómo debes hacer la lectura sentirás la necesidad o curiosidad de adentrarte.

Pero antes quiero exponerte lo que vas a encontrarte en cada libro de esta saga. Si ya has leído los otros dos sabrás de qué te hablo y comprenderás mejor el proceso. Si no los has leído, te recomiendo que lo hagas pues son imprescindibles para la comprensión.

Ahora ya tienes muchas más herramientas que te ayudarán a transformar aquello que desees en tu vida. Sabes que la acción y la comunicación constante son indispensables.

Sabes que el Universo es tu gran aliado, junto con tu Yo Superior podéis experimentar lo que tú desees. Tu alma te ayudará a decidir qué experiencia vivir según lo que sienta que debe equilibrar. Y todos juntos lograremos conseguir que seas el ser más feliz y abundante en la Tierra. Así que voy a contarte en esta saga cómo lograrlo.

En el primer libro de la saga **"TU DON, El PODER de sanar tu vida",** te enseñé las herramientas necesarias para sanar Mente, Alma y Espíritu. Conociste tu don sanador y lo llevaste a la práctica.

En el segundo libro de la saga **"CONCIENICA SUPERIOR, Canalizaciones del Universo",** encontraste la manera de comunicarte con tu Yo Superior y entendiste los mensajes de Dios o Universo, junto con otros seres de luz que son sus mensajeros.

Y en este tercer libro de la saga **"TALENTO ÚNICO, Tu Misión de Vida"**, te mostraré la manera de conectar con tu Ser, tu Esencia Divina, es decir , con tu espíritu, con el Dios o Diosa creadora que hay en ti, para que halles tu don o talento único y lo muestres a la humanidad.

Sé que si has llegado hasta aquí, no te sorprenderá tanto los títulos y el contenido de la saga. Supongo que ya estarás trabajando más la intuición que la lógica, aun así tu mente siempre hará que necesites encontrar racionalidad a todo lo que leas. Y como en todos los libros te he dicho, y éste no es la excepción, no intentes encontrar la lógica, lleva esa información a tu corazón y siéntelo.

Deja que en cada parte de la lectura sea tu corazón y tu alma los que te hablen. Conéctalos entre ellos y siente la apertura. Eso te ayudará a saber que estás en el sitio adecuado, porque mi querida estrella valiente, lo estás.

El Universo o Dios te guiará para reconducirte en este lindo camino que ya empezaste en TU DON y que sin duda es una gran aventura haber recorrido este camino y haber llegado hasta aquí.

En este libro sentirás tu verdadero Yo. El YO SOY. Sentirás de dónde provienes y a qué has venido. Sentirás muchas palpitaciones o chispazos que harán recordar a tu Alma tu verdadera esencia.

Recordarás quién eres.

Y cuando lo recuerdes solo tendrás que desarrollar ese don o talento único de manera única. Ya habrás cumplido con tu misión. Es espectacular ¿no crees?

Tienes la poder de sanar tu vida, de comunicarte con el Universo, tener conexión con tu Yo Superior para vivir las experiencias que deseas y ahora conectarás con el Dios o Diosa creadora que hay dentro de ti para recordar quién eres. No sólo tienes grandes herramientas, sino que ahora ya sabes cómo utilizarlas. Te sentirás seguro/a de tus decisiones, serás muy feliz y muy fuerte. Nada impedirá que seas completamente feliz y abundante. Te atreviste a enfrentarte a tus desafíos y todos los obstáculos que lo impedían y ahora tienes el secreto que tanto deseabas.

Y ahora sólo te quedará expandirlo a la humanidad, es tu cometido para completar tu Propósito de Vida.

"El propósito de la vida no es ganar. El propósito de la vida es crecer y compartir".

Desconocido.

Porque cuando un ser conoce la verdad, qué es lo que le trajo a vivir en la Tierra, qué necesita restablecer y sanar, qué es lo que realmente es, quién es, y empieza a recordarlo todo, entonces debe transmitirlo a toda la humanidad. Y así es como sucede todo. Dios o el Universo nos creó con esa finalidad; servir al prójimo.

¿Pero cómo vamos a servir al prójimo si no sabemos sanar nuestras heridas, entender los mensajes del Universo y además no sabemos a qué hemos venido?

Pues mi querida estrella valiente, aquí en esta saga TU DON, encontrarás la respuesta a esta pregunta. No necesitas buscar en millones de lugares. La respuesta está ante ti.

Y ahora quiero preguntarte yo a ti; "¿Crees que esto que te digo es cierto? ¿Crees que detrás de todo que has estado viendo hasta ahora hay algo más? Si es así, te invito a que sigas profundizando y navegando por este mar de información que estás recibiendo. Me encantaría acompañarte a este viaje de inmersión y disfrutar junto a ti del maravilloso descubrimiento.

Al final del libro te regalaré una gran sorpresa…

Así que…

Después de conocer y manifestar todo lo que has creado, ¿comenzamos el camino hacia tu **TALENTO ÚNICO**? ¿Sí?

¿Vamos?

DESPIERTA TU LUZ

¿Sabías que todos poseemos un don maravilloso, único y especial? En realidad podemos tener varios dones, pero ¿Sabías que poseemos ese don o talento de forma única y singular?

Sin duda te puedo decir que todos somos capaces de reconocer ese talento que sólo, como ser único y universal, puedes descubrir eso que te hace único, especial.

Posiblemente hayas pasado toda tu vida preguntándote ¿Qué hago yo aquí? ¿Cuál es mi propósito? ¿Para qué he venido al mundo? Es lógico preguntarse todo esto, somos seres racionales y necesitamos encontrar la lógica a todo.

Nuestra mente siempre nos dirá que busquemos todos los "¿Por qué?" Pero no sólo lo hará tu mente. Hay un factor que no tenemos en cuenta es muy importante; nuestra alma. Ella tiene necesidades; necesidad de reconocer todo lo que hacemos como esencia de nuestro ser. Más adelante te contaré de qué necesidades tiene nuestra alma.

Cuando conoces lo que tu alma planea, vives y experimentas tal cual ella planeó, cuando te adentras a la verdad, conoces y reconoces tu ser como parte del Universo y que, a la misma vez, todo es parte de un plan perfecto.

Entonces, solo entonces, ves de forma distinta las cosas que te suceden. Lo que antes juzgabas, ahora le ves el *orden divino*. **Donde antes veías un defecto, ahora ves perfección**.

Y todo esto no solo es evidente en las circunstancias o desafíos de la vida, sino en lo más aparentemente insignificante. Una hoja de un árbol que cae y se mueve por el viento…

Todo lo que sucede forma parte de un plan divino. Siempre.

Cada uno de nosotros, además, tenemos una misión divina, un propósito, una razón para existir, que va más allá de nuestro aprendizaje. Es decir, planeamos experiencias vitales no solo para recordar quienes somos en realidad, sino también para compartir nuestra esencia pura y única con los demás.

Unas almas nos enseñan tolerancia, otras sanación, en cambio otras amabilidad, compasión, fortaleza, fe, amor, luz. Cada una de estas almas ha venido aquí para dar el amor puro que son. Todas ellas son estrellas valientes.

Pero ¿Por qué tenemos tantos desafíos en la vida? ¿Con qué fin?

Los desafíos te llevan al centro de la misión de tu alma, que consiste en ayudarte a elevar tu conciencia, sanar los juicios y crear compasión para ti y para los demás. El alma hace este proceso de forma distinta para cada persona. Cada alma elige el camino de vida que cree que es la mejor posibilidad para experimentar todo aquello que desea comprender y con las cuales hacer las paces.

Normalmente, estos desafíos de la vida van en contra de tus expectativas y deseos. Aunque tu alma lo planeó, parece que esto no ocurre, por lo que te desconcierta y sientes frustración. Te provocan tal desconcierto y confusión que te lleva a crear una inseguridad e inestabilidad incontrolable. Y es que te genera angustia y ansiedad. Es como estar en medio de un huracán sin poder salir.

Es por eso que a veces no conectamos con nuestra misión de vida porque la misión principal del alma es sanarse y equilibrarse y hasta que no lo hace parece que vamos en contracorriente.

La mente, la cual le gusta tener el control de tu vida, cree que estos desafíos no deberían suceder. Parece todo injusto, difícil de afrontar y nos provocan miedo, resistencias, confusión y sentimiento de impotencia.

Si te encuentras en esta situación de desafíos y te sientes con confusión, con impotencia, en medio de ese huracán, tienes que darte cuenta que proviene de la parte del miedo de ti mismo/a la que está hablando. Es decir, del ego. <u>Lo que hace el desafío es hacerte consciente del miedo que ya estaba dentro de ti para que puedas enfrentarte a él</u>.

El propósito de los desafíos de la vida es sanar tu niño interior, esa parte de ti que reacciona con emociones ante los desafíos de la vida y se siente asustada y sola. Cuando eres consciente de que las emociones son como los niños que necesitan que les calmen y les tranquilicen, igual que el huracán necesita que les prestes atención, necesitan de tu crecimiento, de tu consuelo, necesitan ser calmados por la voz de la sabiduría, ahí es cuando te haces consciente.

<u>Entonces te das cuenta que el desafío realmente te ayuda a ver la fortaleza que hay en ti, en lugar de ver la debilidad</u>.

Despertará el poder de sanar que hay en ti.

Pero el hecho de que tu alma haya planeado tener ciertos desafíos en tu vida, no quiere decir que necesariamente tengas que experimentar todo dolor y sufrimiento que podría causar. Tú tienes libre albedrío y puedes decidir vencer todo lo que te está causando, en lugar de dejarte aprisionarte con las emociones negativas, tienes el poder de desafiar a los desafíos, de sanarlos y transformarlos. <u>Y así recordarte tu grandeza, en vez de tu pequeñez.</u>

No eres tu cuerpo físico, no eres tus emociones humanas. Eres el alma que experimenta esos estados emocionales. Recuerda que eres un ser espiritual viviendo una experiencia humana y no al revés. Tan solo eres el que porta conscientemente esas emociones para usarlas para afrontar las más complicadas y trabajar la comprensión y compasión en lugar de trabajar desde el miedo y resistencia. Es decir trabajar desde el Espíritu en vez de trabajar desde el Ego. Y aunque los dos son necesarios en nuestras vidas para enseñarnos y sobrevivir, recuerda cuál de los dos maestros escucharás y pondrás en primera fila.

Si ves los desafíos desde esta luz, con el tiempo, te darás cuenta que fueron los mejores maestros que más valor aportaron a tu vida. Dale las gracias a tu alma por haberlos puesto en tu vida. Ese estado de gratitud te posiciona en el verdadero significado de la comprensión.

Esta paz que ahora sientes puede permitirte ayudar a otros seres que están pasando por estos desafíos similares. Enseña con tu ejemplo.

Esta es la misión de tu alma.

Así que despierta tu luz, brilla con más fuerza que nunca y comparte todo aquello que sabes porque el compartir no es solo un acto de generosidad, sino un acto de **AMOR** divino y esencia pura.

Tu Misión de Vida

1er PASO

COMUNÍCATE

Comunícate

La comunicación con tu alma es esencial para conocer tu misión. Saber sus necesidades es imprescindible para reconocer lo que necesita restablecer. Identificarlo es tu cometido.

Como ya sabes, la misión principal del alma es sanarse y equilibrarse y es por eso que en ella podemos descubrir qué desafíos hemos tenido y estamos teniendo para poder trascenderlos y así encontrar nuestra misión, nuestro propósito.

Así que, principalmente podemos decir que las necesidades del alma son:

- **Restablecer el equilibrio:** Aquí es donde el Karma juega un papel importante ya que cuando se genera, el alma necesita encontrar el equilibrio.

- **Sanar:** Es la principal necesidad ya que para restablecer y trascender se necesita sanar. Tener experiencia donde encontrar la respuesta.

- **Trascender:** No es más que pasar el examen de sanar. Es la evolución, un paso más hacia la Sabiduría Divina.

Para ello necesita la colaboración del Espíritu, porque sus necesidades están relacionadas con las necesidades del Alma; **CRECER, EXPANDIR Y AYUDAR A LOS DEMÁS**. Entonces cuando se unen logramos cubrir todas las necesidades indispensables para ser feliz y atraer a aquello que deseamos. Cumpliendo nuestra misión de vida.

Pero para que suceda todo esto antes debemos de pasar por todos los huracanes, esas contradicciones que no entendemos y que nos cuesta asimilar que sea nuestra alma la que lo haya pedido. Es muy difícil reconocer que nuestra alma pide la ruptura de tu pareja, el fallecimiento de un ser querido, la incomprensión de la familia, la enfermedad que te acecha y millones de huracanes más.

> *"Para conservar el equilibrio, debemos mantener unido lo interior y lo exterior, lo visible y lo invisible, lo conocido y lo desconocido, lo temporal y lo eterno, lo antiguo y lo nuevo".*
>
> **John O'Donohue.**

Yo no entendía porque rompí con mi pareja, nos llevábamos superbién, nos conocíamos mucho y nos adorábamos ¿Qué pasó? ¿Y qué me dices de mi abundancia económica? ¿Por qué si sé todo esto, todo lo que aprendí, no tenía el dinero ni los medios para crearlo? ¿Y mi salud? ¡Si yo he sido siempre una persona "sana"! ¿Por qué enfermé con esa horrible urticaria y he tenido todos esos dolores?

Pues las respuestas a todas estas preguntas se hallan dentro de mi alma. Pues tenía unas necesidades que debía restablecer, sanar y trascender. Sin estos huracanes no sería la persona que sería hoy en día, ni podría transmitir lo que estoy transmitiendo con TU DON.

> *"La adversidad tiene el don de despertar talentos que en la comodidad hubieran permanecido dormidos".*
>
> **Horacio.**

Ahora entiendo lo que tuvieron que pasar algunas personas tan desafiadas con el dinero, la salud, los juicios, los rechazos, la separación, la incomprensión.

Personas tan desafiadas y que fueron grandes seres que marcaron historia como Thomas Edison, Leonardo Da Vinci, Alexander Graham y muchos más. Todos ellos tuvieron problemas con enfermedades o les tacharon de "tontos" cuando eran niños. Tenían millones de dificultades y lograron grandes éxitos y gracias a ellos tenemos muchas de las cosas que hoy en día disfrutamos; inventos, descubrimientos, obras, etc.

Desde Jesús, Gandhi, Mandela, Luther King y muchos más líderes que cambiaron el mundo, fueron desafiados con injusticias, juzgados, asesinados, torturados y crearon historia dejando un gran legado.

Pero ¿sabes qué tienen en común todos ellos? ¿Sabes qué es lo que realmente hará que tú cambies la forma en la que ver tu vida y puede tu alma restablecer el equilibrio, sanar y trascender? *LA COMPASIÓN.*

> *"La compasión es una de las más hermosas facultades del alma humana".*
>
> **Séneca.**

La compasión es algo que nuestra alma reconoce como la solución a sus necesidades. **Cuando sientes compasión hacia tu situación, tu vida, la injusticia, etc., el huracán desaparece, y solo queda el amor incondicional.** Entonces sucede; tu alma ha subido al siguiente nivel y ya estás preparado/a para conectar con tu misión de vida. Así como estos grandes personajes lo hicieron.

> *"Si quieres que otros sean felices, practica la compasión.
> Si quieres ser feliz tú, practica la compasión".*
>
> **Dalai Lama.**

Pero claro, mientras estás en el huracán cuesta mucho llevarlo a la compasión, porque no hay comprensión, porque lo llevamos a la expectativa de la vida que deseamos. Porque también hay otras necesidades; no solo alcanzar lo que deseamos, anhelos, placer, sino las necesidades de evitar el dolor, el sufrimiento, aquello que nos hace sentir mal. Pero es tan necesario, porque esto que nos parece tan terrible en realidad no lo es.

> *"La compasión sólo es posible, cuando la comprensión
> está presente".*
>
> **Thich Nhat Hanh.**

Pero ¿por qué tratamos de evitar ese dolor? ¿Por qué tenemos esa necesidad?

Porque anteponemos la necesidad al deseo, incluso por encima de los valores. Es más fuerte el sentimiento de necesidad que el deseo, el placer, los anhelos. Incluso los valores de honestidad pasan a un segundo plano cuando existen necesidades mucho más fuertes o grandes. Como sería el caso de un padre que roba comida para alimentar a su hijo.

Pero en realidad tratamos de evitar ese dolor porque como ya hemos hablado en los anteriores libros de la saga TU DON, anteponemos el EGO al ESPÍRITU. Y <u>las estrategias del Ego son hechas para captar la atención, están creadas para crear ese sufrimiento o dolor</u>.

El Ego actúa cuando mendigamos amor, cuando sentimos que necesitamos la aprobación de nuestros padres, pareja o amigos, cuando "*damos la nota*" llamando la atención con actos de rebeldía, cuando tenemos autocompasión y jugamos al "*pobrecito de mí*", cuando intentamos dar pena o cuando nos echamos toda la culpa, o cuando intentamos sobresalir para compararnos con los demás pero no para mejorar, sino para competir, y muchas más estrategias del ego.

¿Te identificas con alguna? ¿Cuál es la que utilizas más?

Anótala:

___

Jamás podrás ser libre si dependes de una necesidad, si interpones el Ego al Espíritu, si dependes de la aprobación de los demás, si necesitas la atención de tus seres queridos o personas cercanas a ti. ¡Jamás!

"La necesidad de aprobación, la necesidad de controlar cosas y la necesidad de poder extremo son necesidades que están basadas en el miedo".

Deepak Chopra.

<u>El timón de tu barco, de tu vida, lo llevas tú.</u>

Y si quieres cambiar algo debes girarlo y así cambiarás la trayectoria. Y aunque solo gires un grado, día tras día, conseguirás cambiar el rumbo y dirigirte hacia tus sueños. Pero jamás dejes que ese timón lo maneje otra persona que no seas tú.

___

Sólo tú conoces las coordenadas de tus deseos.

___

Y quizás te sientas muy perdido/a en el mar revuelto. Quizás tengas que esperar que la marea baje y que la tormenta pase, pero si lo logras verás que vas hacia el éxito. **Que tu rumbo se desvió por una razón y es que consigas tus sueños.**

De todo ello quiero hablarte en este libro rumbo hacia tu misión de vida llevando el control absoluto del timón y comprenderás todo. Para eso es indispensable que tomemos una parada en el primer puerto. Y desde ahí empezamos a girar un grado el rumbo de tu vida. Eso sí, sin detenernos.

> *"El barco está más seguro cuando está a puerto; pero no es para eso que se construyeron los barcos".*
>
> **Paulo Coelho.**

¿Vamos?

EL PRINCIPIO DEL COMIENZO

TODO COMENZÓ CON UNA GRAN BOLA DE LUZ Y AMOR...

Quiero contarte como empezó todo.

Puede que lo que voy a desvelar te suene a cuento o ficción, incluso tal vez que estoy medio "*chalada*". Bueno no voy a tratar de convencerte de nada, tan solo quiero compartir algo que me llegó.

Existen dos posibilidades; una que seas una persona muy espiritual y me creas en todo lo que voy a mostrarte, y otra, que si eres una persona muy mental esto te suene a cuento chino y no entenderás nada de lo que explique.

En cualquiera de los dos casos tienes que tener en cuenta que todo debe estar en equilibrio; si eres muy espiritual tendrás que trabajar la mente, buscar lo que te limita y plasmarlo pasando a la acción. Si eres muy mental, debes conectarte con su esencia divina y creadora para visualizar aquello que deseas. Encontrarás la manera de hacerlo en los próximos capítulos.

El secreto está en equilibrar todas las energías de tu ser para no desestabilizar tu armonía

---

No importa si no entiendes nada de todo lo que te cuento, sólo quiero que sepas porqué es tan importante dejar que te transmita lo que debes saber.

Esta descarga de información es real y, quieras creer o no, debes saberla. Ya te llevo advirtiendo desde el principio que esta saga es especial, está canalizada, y toda la información que aquí muestro está canalizada. También hay información de todos mis años de experiencia, estudio y lectura.

A veces la información viene de mis guías espirituales, otras de los ángeles y hadas, otras de Dios o del Universo, de mi Yo Superior también. Esta vez lo que voy a contarte me proviene de los "grandes maestros ascendidos".

Venga de donde venga, la información original, sin duda, es de Dios, fuente de AMOR y es ahí donde se recopila para que sus mensajeros la compartan.

Vamos entonces por el principio…

Todo comenzó con una gran bola de luz y amor.

Esa bola le puedes llamar como quieras, pero la información que me vino fue que, esa bola se llama Dios o Universo. Otras personas le llaman Conciencia Superior, Divinidad, Fuerza Universal e infinitos nombre más. Elige el más te guste.

Esa gran bola de luz decidió hacer bolas más pequeñas para repartirlas; esta bola que vamos a llamar Fuente Divina. Dios, en su más infinito acto de amor quiso crear a partir de él, a un Ser Creador, que al igual que él pueda hacer las mismas cosas que él hace y crea.

Esas bolas más pequeñas, los seres creados a partir de la Fuente, son la Conciencia más elevada del Ser Humano, es decir, tu YO SUPERIOR.

Nuestro Yo Superior siempre está en contacto con nosotros, y que al ser la parte más elevada de nosotros, elige siempre la mejor variante para nuestra experiencia en la vida.

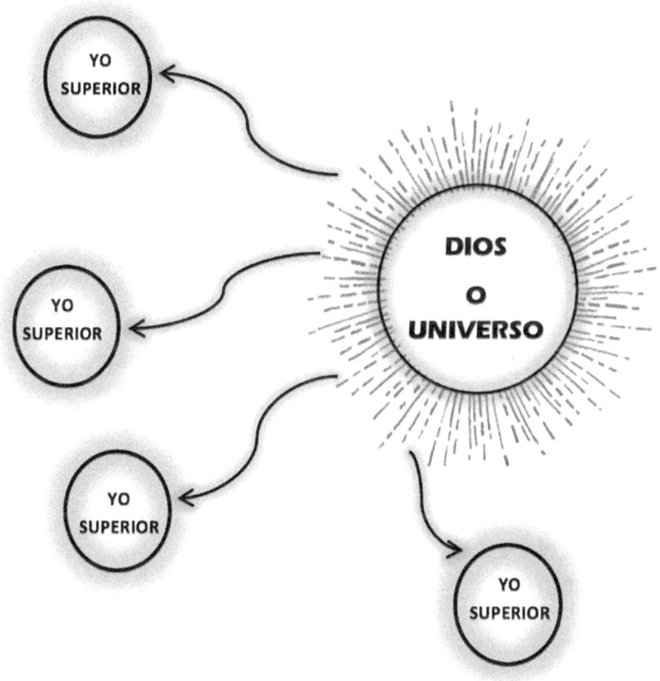

El caso es que, estas bolas más pequeñas de luz, o sea nuestro Yo superior, un día decidieron vivir la experiencia de tocar, ver el mar, sentir, palpar, oler y todo lo que podemos hacer todo ser humano.

Pero para experimentar todo eso tenían que materializarse; esas bolas se convirtieron en estrellas. Para llevarlas a la materia Dios creó la Tierra y otros planetas, esto es lo que conocemos por el Big Bang.

Cuando fue creada la Tierra, tu Yo Superior fue creando estrellas, que eran bolas de luz, parte de él. Así como Dios creó, tu Yo Superior junto a él son co-creadores.

Y ahí es cuando se formaron con materia física, es decir el cuerpo humano.

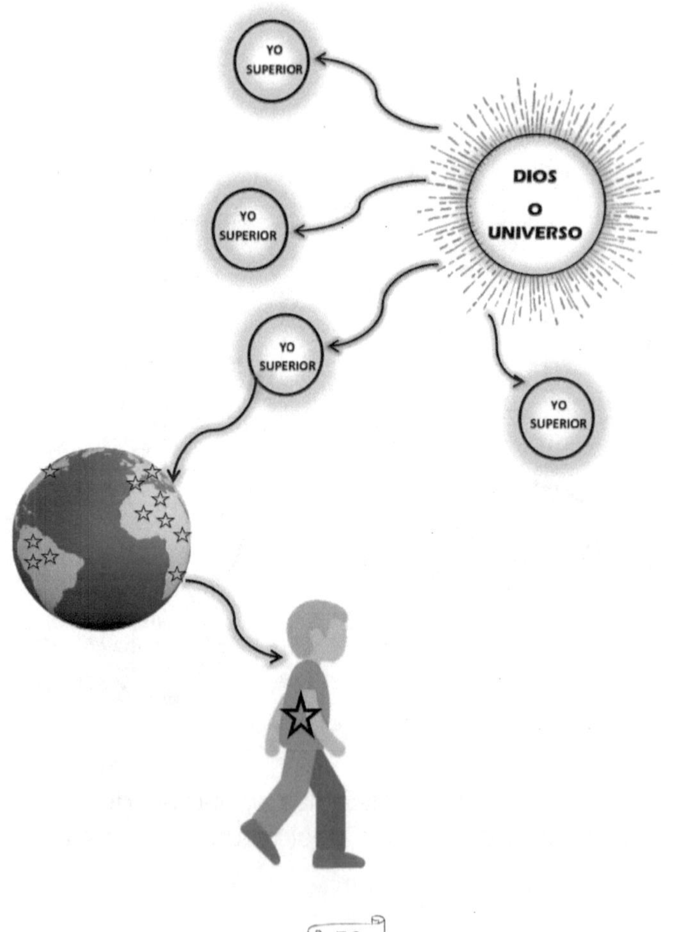

Estas estrellas van de cuerpo en cuerpo viviendo experiencias, es decir, varias vidas.

Están creadas por cuerpo y mente cuando vienen a la Tierra. El cuerpo es el vehículo para las experiencias. Y la mente es la que lleva la información que recibe al cuerpo. El cuerpo no existe sin mente.

La estrella podría decirse que es el Alma, la esencia pura de esas experiencias. El Alma se representa entre el plexo solar y el sexual, mientras que la Mente se representa en la cabeza entre el frontal y garganta. Es decir que la mente se representa en los chakras superiores y el alma en los chakras inferiores.

Esto no quiere decir que tu localices a cada de una de ellas en un punto exacto de tu cuerpo. Cada persona lo siente en puntos distintos, sobretodo el alma, la mente ya sabemos dónde está.

Cuando el alma va viajando varias vidas, se va impregnando de experiencias negativas o traumas, que no dejan de ser lecciones y aprendizajes. Se va dañando por esas experiencias vividas y lo que sucede es que está comunicada con la mente; el alma le manda una orden a la mente de que lo grabe como peligro.

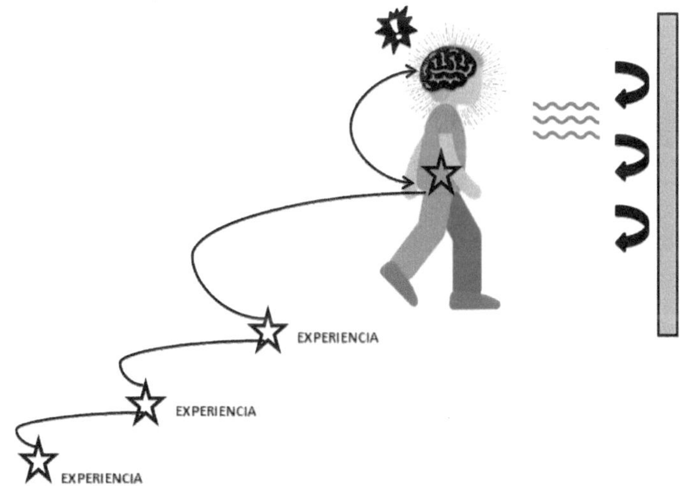

Entonces cuando se une mente y alma, emite una frecuencia vibratoria de alarma creada por la mente y emite unas ondas que hacen que el reflejo se manifieste.

¿Pero cómo sucede esto?

Alma y mente se unen porque el alma sube del 1º-2º-3º chakra, es decir de los chakras inferiores hasta el 4º chakra corazón. Y la mente baja del 7º-6º-5º chakra al 4º chakra y ahí se unen.

En el corazón se representa el Espíritu. El corazón va unido a la antena emisora de las bolas de luz, es decir con tu Yo Superior, lo que llamamos intuición, Ajna, tercer ojo. Esta antena emisora a su vez está conectada con la glándula pineal que te conecta descargando información de tu Yo Superior.

Pero si la mente emite la señal de alarma se activan unos sensores que se contradicen con el Espíritu. Hay una confusión entre la antena receptora y emisora, llevando así la orden de la mente a tu Yo Superior.

Entonces tu Yo Superior dice: "Ok te mando lo que me dices".

Y así es como se manifiesta aquello que tu mente proyecta, pero está muy lejos de lo que deseas.

Te lo muestro de manera más sencilla para que lo entiendas…

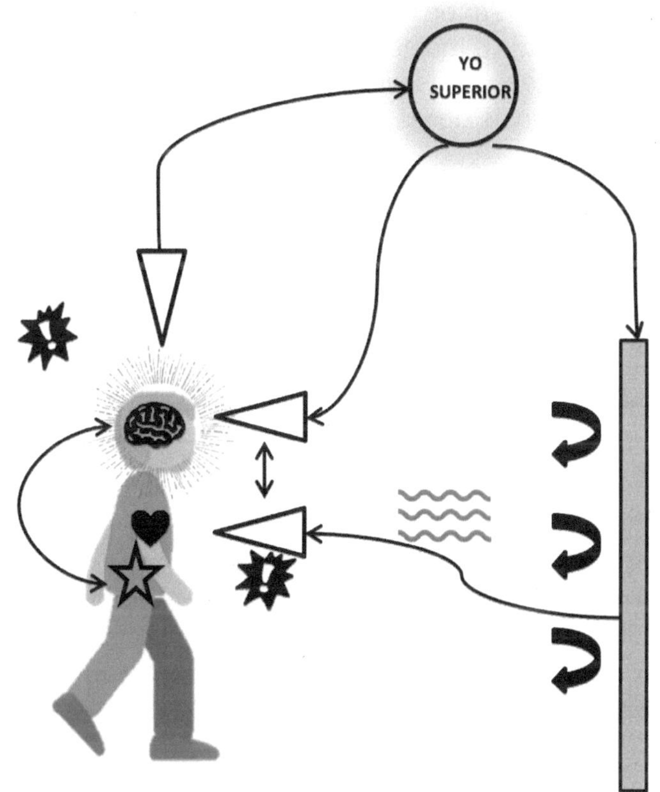

Llegados a este punto, pregunté a los maestros que cómo podía invertir o cambiar este proceso para que llegue a nosotros lo que realmente deseamos. ¿Existirá alguna forma para crearlo?

Claro que sí.

La alarma que hizo saltar la mente, fue provocada por el alma, es decir, por la estrella que va de vida en vida. Por tanto hay que sanar las vidas pasadas de esa estrella, desde el subconsciente, experimentando vidas y muertes.

Repasando así, todas las lecciones y aprendizajes, acuerdos prenatales y todo lo vivido durante tu vida álmica.

Mientras tanto tú en el consciente, trabajas la mente. Pero ¿Cómo? Pues creando nuevas conductas, nuevos hábitos, nuevos patrones o moldes. Haciendo cosas distintas y viviendo experiencias nuevas. Y cuanto más alejadas estén esas experiencias de las que tienes ahora, mucho mejor.

Pero ¡cuidado! Tienes que hacerlo de forma progresiva porque cualquier movimiento brusco, puede hacer saltar de nuevo la alarma de la mente. Ella siempre buscará protegerte, así que cualquier movimiento demasiado drástico lo tomará como un peligro y saltará la alarma creando así el mismo resultado no deseado.

<u>Te recomiendo que empieces por hábitos pequeños pero constantes para crear nuevos moldes en tu vida, mientras empiezas a sanar tu alma</u>.

Te preguntarás: Y ¿Cómo sano mi alma?

Viajando al pasado. Tienes que ir allí donde quiera o necesite ir tu alma. Por ejemplo; si tienes que ir al pasado por algo relacionado con el dinero, regresas a esa vida que te pasa algo, o tienes alguna experiencia traumática que te bloqueó con el dinero. Y así con todos los aspectos de tu vida.

A veces no hay que ir tan lejos. Nos sucede en esta vida. En este caso también debemos regresar y ver dónde se creó. Es importante descargar cada día todo lo que nos hizo daño en el pasado.

Recuerda que **cada vida que pasas tienes la conciencia más elevada**. Revives todas las experiencias de las demás vidas durante esta vida actual, repartidas durante todos los años de esta vida.

"Lo que se necesita para cambiar a una persona, es cambiar la conciencia de sí mismo".

Abraham Maslow.

Por eso es que, a veces, experimentamos escasez y de repente experimentas algo relacionado con el dinero, pero luego enfermas. Vives lo que cada vida te recuerda en el estado actual.

Cuando viví la enfermedad, la escasez y la falta de amor empecé a experimentar situaciones anteriores esta vida. Eran experiencias pasadas. Mi alma recordó esos traumas o bloqueos y se activó esa alarma causando todos esos síntomas. Adentrándome a mi subconsciente pude ver, reconocer y comprender que ese trauma debía ser sanado. Así lo hice y de repente empecé a experimentar otras situaciones y vivencias diferentes.

Sólo puedes cambiarlo sanando todas las vidas poco a poco. Pero para eso tienes que existir mucho. Es decir, pasar muchas vidas, ser un alma con muchas vidas.

Tu estrella es inmortal

Hasta que decides volver a casa; a la gran bola de luz. Como hacen los maestros. Cuando decides no experimentar más vidas, regresas a casa.

Y entonces, ¿Con esto lo solucionamos todo lo que se refiere a lo terrenal?

Puedes vivir en la abundancia infinita si lo deseas. Sólo es cuestión de practicar, practicar, practicar. Y tener mucha **FE con la gran bola de luz**. Ella te ayudará a iluminar tu camino.

Recuerda que Todos somos seres de LUZ. Esto significa que si disolvemos el ego y el cuerpo, lo que queda es luz. Es esa estrella que brilla en su totalidad. Tan solo es luz, energía y conciencia. No existe nada más.

En esta Tierra en la que vivimos es un aula y existimos en forma material porque es ahí donde encontramos las lecciones que necesitamos.

No olvides que los aprendizajes son un proceso. Si ya hubieras llegado al espacio de amor incondicional y de compasión y aceptación perfectas, no necesitarías estar aquí, aprendiendo de un nuevo cuerpo humano.

Todos y cada uno de nosotros somos luz y energía, que evolucionamos lentamente hasta alcanzar el brillo perfecto y una claridad espectacular sobre el Yo y el ego.

Conforme vamos evolucionando, nuestro brillo y claridad aumentan hasta que BRILLAMOS COMO UN SOL.

Así que, ¡dale! ¡Despierta! Tienes mucha faena. Crea tus nuevos hábitos y rutinas ya, entrena a tu mente como si fueses a competir con algo. Haz de ese entrenamiento una constancia diaria.

¡Adelante! ¡Tú puedes! Sal de aquí y ves hacer tu cometido. Tu misión. Brilla más que nunca.

Esta información sobre la gran bola de luz es canalizada y posteriormente contrarrestada con otra información. He estudiado y adquirido conocimientos de otras personas que ahora te traigo aquí.

Independientemente de que profesión tengas o los estudios que hayas realizado, o lo que te hayan podido contar, creas o no creas, vibre o no vibre contigo solo es una información que a mí me ha llegado. No pretendo ofender ni poner en juicio las creencias de nadie. Tan solo muestro lo que soy, una canalizadora, simplemente soy un canal. Soy una investigadora nata y aquí te lo muestro.

Tanto si eres escéptico/a o no, debes saber que la ciencia avala todo esto que te estoy contando; en la creación de la materia, todos somos energía y toda energía que se concentra se materializa.

Ok está bien…ahora hay dos opciones:

Opción A: Tomarte toda esta información como un cuento o fábula, no creer que es cierto y a partir de ahí vamos a tomarlo como un juego ¿Jugamos?

Opción B: Ahora que conoces la verdad vamos a experimentar toda esa información y llevarla a la práctica ¿Te parece?

Sea cual sea la que elijas vamos a continuar…

¿Vamos?

NUESTRO HOGAR

UN LUGAR SIN DISCREPANCIAS...

En nuestro Hogar, cuando estamos en *CASA*, es un entorno de gran paz, luz y amor. En este entorno no experimentamos la discrepancia. Es un deseo y un plan que vivamos nuestras vidas en la Tierra porque es aquí donde existe la dualidad: bueno-malo, frío-calor, dentro-fuera, amor-odio. <u>Nuestra alma sana y aprende con la discrepancia, nos ayuda a reconocer y comprender quienes somos.</u>

También nos sirve para crear sentimientos profundos e intensos, así aprendemos y evolucionamos. Y estos sentimientos serán más profundos si olvidamos que nuestra vida aquí en la Tierra es una obra de teatro dramática; obra que hemos escrito nosotros previamente. Cuando vemos esta obra como algo real nuestras emociones se intensifican.

Y cuando más intensidad hay en estas experiencias que vivimos en la Tierra, nuestra evolución se acelera cuando aprendemos a trabajarlas con amor.

Puede que te cueste entender que es algo que tú mismo/a has pedido para tu evolución, para que tu alma trascienda, y es debido a la falta de comprensión. No comprendemos porqué vivimos ciertas experiencias y la llevamos al dolor. <u>Cuando somos capaces de separar ese dolor de la experiencia vemos la realidad, vemos la experiencia como una vivencia necesaria para nuestra alma.</u>

Estas experiencias son **maravillosas oportunidades** que se dan para la evolución espiritual. Los seres humanos podríamos evolucionar más en cada vida si quisiéramos, más incluso que otros seres, ya que tenemos esas oportunidades que nos hacen trascender.

La discrepancia que vivimos en la Tierra tiene que ver con el plan de vida de aprendizaje con los opuestos, con la dualidad. El alma planea experimentar la parte contraria de lo que más desea aprender.

Hay infinitas variantes de planes de aprendizajes para experimentar.

Por ejemplo, hay almas que desean experimentar la Unidad de todos los seres y entonces planea con otras almas como familia en la que cada miembro es muy diferente al otro para trabajar la *Unión*. Sus carácteres y sus roces hacen que se sientan solos y aislados. El dolor de la separación hace que se trabaje desde el interior sanando ese sentimiento y llevando al conocimiento individual del ser. Reconociendo la Divinidad que hay dentro de cada uno de nosotros. Se refleja la Divinidad dentro de cada ser y la esencia pura del individuo. <u>Esta Conciencia lleva la Conciencia de la Unidad con el Todo. Es el principio de la Unidad colectiva de la humanidad</u>.

Otro ejemplo sería el de los desafíos de la vida como puede ser lo que sucedió en mi caso, los malos tratos, el abuso, el acoso, etc. Y otras experiencias que tienen muchas personas como el alcoholismo, drogadicción, desafíos de pobreza, falta de amor, infidelidad, incluso enfermedades de nacimiento o repentinas, accidentes, traumas, suicidio, violación, enfermedad mental. Y todas las experiencias que decidimos vivir para sanar nuestra alma y llevar a la conciencia de nuestro ser.

Además de elevar nuestra conciencia a un nivel superior, estas experiencias se convierten en nuestra misión de vida ya que nos hacen adquirir una sabiduría superior y con ella podemos ayudar a los demás a superar esas experiencias de mejor manera y haciendo que su alma eleve al siguiente nivel.

De esto trata tu misión de vida; encontrar tus desafíos vitales para trascender, evolucionar y poner tus experiencias al servicio de la humanidad.

LOS DESAFÍOS DE LA VIDA AYUDAN A LA PERSONALIDAD

Una pregunta que me suelen hacer es: "¿Por qué debemos sufrir para que nuestra alma evolucione y sane?"

La respuesta es que los desafíos de la vida ayudan a tu personalidad y a tu alma.

El matemático, maestro psíquico, sanador y canalizador John Friedlander nos habla de estos desafíos de la vida con un ejemplo: "*Durante tu vida, quizás hayas tenido varios empleos y has tenido que trabajar con personales difíciles. Esta experiencia te molesta e incluso sientes que es más de lo que puedes soportar. A menudo fantaseas con ganar la lotería y así dejar el trabajo, les dices a tus amigos: "y para nunca más tener que trabajar con idiotas".*

Si tu plan de vida es aprender la generosidad, la compasión y la amabilidad probablemente no cumplas con el sueño de ganar la lotería. <u>Tu lección de vida predomina en tu aura y esta energía es la que hace que se produzca tu experiencia.</u>

<u>Y tu mente-ego no entiende la diferencia entre "*trabajar con idiotas*" y aprender generosidad, compasión y amabilidad</u>. Entonces sientes que tus circunstancias son *injustas*. Pero cuando desarrollas estos aspectos de generosidad, compasión y amabilidad, tu alma y tu personalidad se enriquecen.

Tu alma y tu personalidad son socias de una empresa con significado y con muchos beneficios.

Debes saber que a pesar de planificar tu alma ciertos desafíos de vida, tu personalidad tiene libre albedrío y puedes decidir cambiar todas las situaciones y experiencias que desees. De ello te hablaré más adelante y además te contaré lo que puede generar esos cambios.

> *"Sin embargo, qué fácil es recordar la verdad y volver a casa".*
>
> **Eckhart Tolle.**

Déjame contarte antes las partes del alma que están diferencias para entender cómo sanar y cambiar las falsas creencias...

LOS 3 ESTRATOS DEL ALMA-SER

En el libro de Robert Schwartz "El Don de tu Alma", nos habla de 3 partes que tiene el alma. A mi particularmente, me gusta especificar que son partes del Ser, pero Robert los define como partes del Alma en sí. Ahora verás porque los diferencio así, pero cualquiera que sea la interpretación hablamos de 3 partes bien definidas y diferenciadas, y cada una de ellas tiene una función en nuestras vidas.

Estos 3 estratos son:

- <u>El Yo Espiritual</u>: Es el que yo llamo Espíritu. Muchos lo llaman Dios o Yo Superior. Recuerda que es la parte que está conectada a la Conciencia Superior. Esta parte del Ser es inalterable, presente, es Uno con el Todo.

- <u>El Yo del Alma</u>: es lo que yo llamo Alma. Es donde aparece la dualidad. La parte que desea tener las experiencias, algunas de ellas relacionadas con las del pasado. Es la que evoluciona a través de esas experiencias. Es la que parece cometer errores y se desconecta del Espíritu y se siente separada del amor. Es inmortal.

- <u>La personalidad terrenal</u>: Es lo que yo llamo extensión del Alma. Unión mente-alma. La personalidad está inspirada por el Yo del Alma. Es una expresión de energía la del Yo del Alma, mientras aprende de las experiencias de la personalidad, sobre todo cuando el alma experimenta sentimientos.

Cuando volvemos a *CASA* se producen muchas sanaciones, aunque muchas de ellas se producen por las experiencias de los desafíos de la vida. En esa esfera, la gran bola de luz, tenemos un mayor conocimiento, pero la experiencia en la Tierra nos da la oportunidad de transformar el conocimiento en experiencia.

Entre la esfera y la Tierra, la diferencia es SER o TENER sabiduría.

El Yo del Alma sabe más que la personalidad, pero a veces no está de acuerdo con el Espíritu. La sanación que realizamos cada uno de nosotros también sana la personalidad que ha sido creada por el Yo del Alma y también en esta vida actual.

Y ¿por qué permite el Espíritu tantas formas de sufrimiento? <u>Si El Espíritu impide que el Alma planeara ciertas experiencias en la Tierra, estaría limitando y él por naturaleza es ilimitado y sería ir en contra de esa naturaleza. Por eso permite al alma que experimente desde la ignorancia o el miedo.</u>

Cuando el Alma planea tener experiencias en la Tierra a veces es a partir de la ignorancia, desde el miedo o desde el amor. Y de ahí es que desde la ignorancia se crean falsas creencias: *"Carezco de valor"*, *"estoy solo/a"*, *"el amor duele"*, *"la vida es injusta"*.

> *"El Espíritu podrá volar hasta el cielo, pero el alma, ella tiene que ir a sus profundidades, al fondo de sí misma".*
>
> **Rhoda Lerman.**

Cuando sufrí los abusos y malos tratos en el instituto o con mi primer novio, sentía que la vida era injusta, me sentía sola, sentía que el amor duele y creía que mi vida no tenía ningún valor, que no era nadie, no tenía sentido la vida.

Cuando se tienen esas creencias, el alma atrae circunstancias que tiene que ver con ellas y cuando se reflejan en la personalidad y se incorporan en la conciencia, es cuando se pueden sanar. **Pero solo será cuando la personalidad se dé cuenta de cómo se ha creado esa creencia y que lo que manifiesta en el exterior es un reflejo del interior**. Entonces podrá sanar y cambiar esas creencias.

Para eso necesitamos nuevas experiencias que contrarresten a estas falsas creencias. Hay que generar experiencias positivas. Y ¿Cómo se hace? Pues actuando *como si*:

- Cómo sí fueras poderoso/a y rico/a.

- Como si el amor fuera seguro.

- Como si nos sintiéramos valiosos/as.

- Cómo si la vida fuera un gozo y felicidad.

Con el tiempo y repitiendo estas experiencias, esas falsas creencias se transforman. Pero recuerda que hay que ponerle sentimiento:

- ¿Sientes que tienes mucho valor?

- ¿Sientes que el amor es fantástico?

- ¿Sientes que la vida es maravillosa?

Para liberarte de todo, de esas falsas creencias, tienes que llevarlas al nivel de los sentimientos.

¿Cómo podemos sanar esas falsas creencias? Existe un tiempo en el que puedes elegir tener una creencia u otra según la experiencia vivida. Estás en un *momento de elección* donde decides cómo reaccionar ante una situación externa. Por ejemplo: Cuando rompes con tu pareja o ella rompe contigo, puedes vivir como una experiencia y evolucionar según lo vivido o bien creer *"nunca volveré a amar"* o *"nunca seré feliz"*.

> *"Para elegir sabiamente en la vida uno debe escucharse a sí mismo, a su propio yo, en cada momento de su vida".*
>
> **Abraham Maslow.**

Cuando eres consciente de este espacio de tiempo para poder elegir, también adquieres conciencia de que no eres víctima, sino un poderoso creador.

La sanación nace de esta conciencia, de este entendimiento.

Es por eso que tu alma provoca esos desafíos para que exista la necesidad de elegir. Si vivieras sin esos desafíos, con vida plena, rodeado/a de personas con amor y afecto o cariño no tendrías esa necesidad de elegir. Entonces tu personalidad no viajaría al interior para sanar y recordar quien eres ni de elegir conscientemente la sanación. Entonces no habría sentido para el alma que es justo eso lo que anhela.

Pero no necesariamente necesitas sufrir continuamente para sanar el alma. En ocasiones algunas almas a pesar de no tener la *"comprensión"* del desafío se toman como un descanso ya que el proceso de crecimiento no es lineal ni continuo. Podemos experimentar la sanación cuando el alma lo desee, el alma no está obligada a sanar hasta esa comprensión pero si es verdad que lo que realmente desea tu alma es ser sanada hasta que estés inmerso/a en un mar de felicidad y abundancia.

En ocasiones el alma planea marchar para no seguir experimentando el dolor sin esa comprensión. A veces al no digerir todos esos sentimientos decide volver a casa para empezar de nuevo con otras experiencias nuevas. Muchas almas provocan situaciones de partida como enfermedades graves o suicidios.

En estos casos solo nos queda aceptar que es decisión de ese alma, de ese ser, el partir y a la misma vez nos da la mejor lección del mundo; comprender su decisión y aprender a trascender nuestro dolor por la pérdida.

Pero no sólo nos dejan lecciones y aprendizajes. La mayoría de personas cuando parten de forma drástica, suelen traer bendiciones con su partida. Y dirás: ¡Pero qué dices, Nuria! ¿Estás loca? No lo estoy. Tan sólo es difícil de comprender, pero es así.

<u>Muchas almas parten por un plan establecido antes en esos acuerdos prenatales</u>. Recuerda lo que hablamos en los anteriores libros de la saga TU DON. Todo forma parte de un plan, del Divino y del acuerdo que planificamos con nuestro grupo de almas antes de nacer. Y estos seres que parten de forma repentina están cumpliendo con ese **PLAN**.

"Confía en el plan que tiene tu alma, aunque no lo entiendas y ten la certeza de que todo saldrá bien".

Deepak Chopra.

Al poco tiempo de estar divorciada me llegó la noticia de que un familiar de mi ex marido había fallecido de forma drástica. Un accidente laboral acabó con la vida de este familiar. Fue repentino y doloroso el proceso que tuvo que pasar la familia y seres queridos. Nadie entendía lo sucedido y lo injusta que era la vida llevándose a un chico tan joven, lleno de vida y dejando a su mujer embarazada y con otro hijo pequeño. Es difícil comprender la situación, pero sin embargo, dejó una bendición que unió a la familia. La madre de este chico llevaba años que no tenía contacto con una hermana suya y a la vez otra hermana no se hablaba con otro hermano. La muerte de este chico hizo que todos los hermanos volvieran a hablarse y se apoyaron en este trance tan duro. Y posiblemente hubo más bendiciones, aunque personalmente no tengo más información que esa.

Hace pocos días recibí una llamada devastadora; el padre del chico con el que mantuve la última relación de pareja decidió dar fin a su vida. Fue muy doloroso saber que esa persona que fue para mí como un padre decidió partir. El dolor de la familia era inconsolable. Decidí viajar y reunirme con ellos y darles mi apoyo, sobre todo al que es la persona más importante de mi vida y me ha enseñado tanto. El dolor y la rabia, la incomprensión y los "*por qué*" estaban presentes día tras día. Nadie entendía su decisión, no estaba enfermo, no tenía ninguna deuda económica ni problemas familiares. Había pasado unos días de dolores y molestias por una operación que le costaba recuperarse, pero no era nada grave, tan solo tenía que cuidarse.

Ahora comprendo todo y ¿sabes por qué? Pues porque pasó exactamente lo mismo que en el caso anterior. Una de sus hermanas no tenía contacto con otras dos hermanas más, no se hablaban desde hacía años. ¿Y adivina qué? En el funeral se abrazaron, se perdonaron y desde entonces comprendieron que no debían estar separadas por rencores. En el día de hoy mantienen ese contacto y se apoyan en este proceso.

Pero eso no es todo. Al estar cerca de la familia y de mi compañero de vida sentí de nuevo una unión. No era el dolor lo que nos ha unido de nuevo, sino el amor. ¿Recuerdas que te conté al principio de la saga que el chico con el que salí durante 3 años empezó a encontrarse mal y yo empecé a somatizar la horrorosa urticaria que me invadió todo mi cuerpo y que, además, me quedé sin nada y sin dinero? Pues bien, como te iba diciendo todo tiene un *por qué*. Después de todo lo que hemos pasado, de todas las señales que nos indicaban que debíamos separarnos y que esa fuerza extraña me llevaba hacia otra dirección, entendí por fin que todo forma parte de ese PLAN. Necesitábamos crecer, nuestra alma necesitaba trascender, comprender y evolucionar. Pero claro, debía de ser por separado. Y es que cuando dos almas tienen diferentes necesidades se repelen, se separan. Y cuando vibran igual y trascienden con la misma comprensión y las mismas lecciones se unen y mucho más que cuando no hacen esta transición. Y si además, les une el AMOR entonces no hay mayor fuerza que ésta para derrotar todos los obstáculos que las separó.

Porque no hay nada que puede curar el alma que el AMOR por ella misma. Y por mucho que intenten separar almas similares, afines, almas gemelas o llamas gemelas, el amor PREVALECE.

> *"Nada puede curar el alma, sino los sentidos, al igual que nada puede curar los sentidos, sino el alma".*
>
> **Oscar Wilde.**

Ama todas las experiencias, transiciones, discrepancias, procesos y discordancias porque en esos trances está la evolución de tu SER. Y si quieres crear un mar de felicidad y abundancia debes evolucionar constantemente.

Pero para tener ese mar de felicidad y abundancia debes estar en contacto con tu doble cuántico, tu Yo Superior. Él te ayudará a crear tus mejores futuros potenciales y materializar tus sueños…

DOBLE CUÁNTICO

Una de las maneras para romper con esas creencias falsas y no seguir experimentando el sufrimiento para sanar nuestra alma, es contactar con tu Yo Superior. Con él podemos encontrarnos con el momento de elección, ese espacio de tiempo en que podemos elegir la creencia, experiencia o cualquiera que sea lo que decidas elegir.

Recuerda que en el anterior libro "Conciencia Superior" vimos cómo comunicarnos con nuestro Yo Superior, incluso durante todo el día. El mejor momento para hacerlo es en el *sueño*. Por eso hay que hablar con él y transmitirle lo que deseamos justo antes de dormirnos, en el momento del adormecimiento.

Ya sabemos que durante el día creamos futuros potenciales y que tu Yo Superior escoge de entre todos el mejor para mandártelo. Si queremos que nuestro Yo Superior nos mande aquello que deseamos, debemos tener pensamientos positivos a todas horas y cuantos más tengamos, más futuros potenciales positivos tendremos.

La mejor manera de tener contacto con el Yo Superior es siendo consciente durante todo el día para pedirle todo aquello que deseas de forma concreta.

Pero ¿Cómo podemos entrar en el espacio de tiempo de elección para crear otro futuro potencial distinto al de las creencias falsas, a las que ya no queremos?

Cuando contactas en un momento determinado con tu Yo Superior, lo que a ti te parece presente y quieres arreglar el pasado para cambiar el futuro, eso en realidad no existe.

Bueno para ser más exacto, si existe aquí en la Tierra, el tiempo es lineal. Pero allí donde está tu Yo Superior, es un espacio y tiempo imperceptible, realmente <u>todo sucede ahora</u>. La información que recibe y emite va a gran velocidad. Lo que nosotros percibimos en segundos el Yo Superior lo hace en milésimas de segundos.

Es por eso que cuando mandamos información, nuestra mente manda al Yo Superior a través de los pensamientos y se forman los momentos exactos por una vibración para conectarte al doble cuántico, es decir, tu Yo Superior, donde se ha creado tu deseo ya.

Para que lo entiendas mejor; en el momento en que tú lo creas con el pensamiento, tu Yo Superior como va a gran velocidad, cuando buscas ese momento de contacto éste ya te responde de inmediato. Es decir que te proyecta la información mandada. Normalmente, suele ser en el momento del sueño que es cuando no interfiere tu mente y ahí Tu Yo superior te descarga toda la información que necesitas para crear tu deseo. Sólo bastará acción y ajá ya está materializado tu deseo.

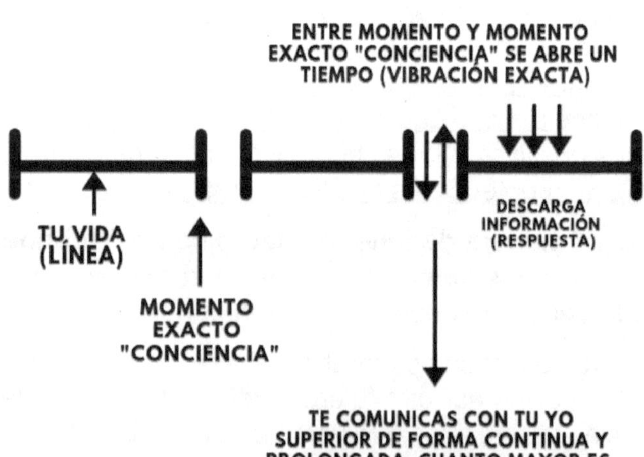

Y así es como estamos en constante contacto con nuestro Yo Superior, consiguiendo así crear aquello que deseamos. Para ello es necesario mandar la información deseada más los futuros potenciales positivos para la manifestación.

De ahí que cuando tenemos un pensamiento o una intuición ocurre en breve. Incluso hay personas que sueñan que va a ocurrir algo y al poco tiempo sucede. ¿Te ha pasado a ti?

Cristina, una chica que conozco desde hace años me decía: "Nuria, he soñado que mis tíos se iban a vivir fuera de aquí, creo que se van a ir a Galicia". Al poco tiempo sus tíos se fueron a Galicia. Más adelante soñó que yo iba a montar un negocio y así fue. Ella sorprendida me preguntó:

- ¿Nuria, estos sueños son premonitorios? ¿Adivino lo que va a pasar? ¿Qué significa todo esto?

No es que sepas el futuro, es que lo creas con tu Yo Superior. Lo que ocurre es que en el sueño te descargas esa información porque ya ha sido creada, ya que en el otro plano no existe el pasado, presente y futuro. El tiempo es ahora siempre.

Y esto es lo que sucede con los sueños. Son creadores de la información que ya existe y en los momentos exactos es cuando tú intercambias esa información. Se queda en tu subconsciente y cuando te despiertas por la mañana zasss la tienes totalmente descargada.

Estos espacios de tiempo hay una increíble cantidad de información que en ocasiones no la recordamos cuando despertamos pero sí está en nuestro subconsciente.

Esto es lo que el físico Jean Pierre Garnier Malet, doctor en mecánica de los fluidos, autor de la teoría del desdoblamiento del espacio y del tiempo, llama *"aperturas temporales"*. Sus estudios se basan en esta teoría científica.

Jean Piere Garnier Malet explica cómo hacer este intercambio de información:

- **Ser siempre positivo**: Pedimos ayuda a nuestro doble y debe ser antes de dormirnos, justo un minuto antes de quedarnos dormidos. La petición ha de ser de forma positiva.

- **Tomar vaso de agua**: El agua es el medio por donde nos transmite la información. Esta parte es opcional pero lo recomienda porque es a través del agua que hay en el cuerpo donde se adhiere dicha información.

- **Decirle donde estamos situados**: Cual es la posición exacta con todos los datos personales; nombre, dirección, país, hora, día, etc. Es como las coordenadas que necesita saber para localizarte ya que eres una proyección de él y necesita ubicarte de forma exacta.

- Pedir siempre con **palabras positivas y que borre emociones, pensamientos y posibilidades futuras negativas** que hayamos podido proyectar sin querer durante el día.

- Pedir que te descargue toda la mejor **información valiosa** para (tema) y sin perjudicar a terceras personas. Además pediremos siempre algo mejor para lo que nos rodean.

- **Debes creer en lo que estás haciendo**, en toda información que estamos recibiendo y además con la certeza de que ya está concedido, por lo tanto esta petición solo la haremos una solo vez.

- **Sólo necesitas concentración y práctica**. Hay que tener paciencia porque suele manifestarse al cabo de unos días o puede que al día siguiente. Jean Piere habla de una cuarentena, es decir cuarenta días para la manifestación.

- Importante: **No involucrar a terceras personas en nuestros deseos**. Podríamos estar yendo en contra de su voluntad y deseo. Recuerda que tenemos libre albedrío.

- **Cuando te levantas**, lo haces con la certeza que **ya lo tienes descargado,** esa información ya está en ti.

- **Presta atención a las señales que nos dan**, ya están descargadas también. La intuición es muy importante aquí; a veces se va poniendo todo en su lugar y otras viene por un chispazo, como una intuición, por instinto, viene la solución o viene algo que te lleva a la solución. Es nuestro doble que nos está dictando las indicaciones. Yo particularmente, siento que son los guías que son los mensajeros del Universo y como el Yo Superior o doble es una extensión de él pues vendría a ser la información del mismo lugar.

- **Muchas veces la información viene con los sueños**. No siempre pero a veces lo puedes ver claro en tus sueños.

Voy a ponerte un ejemplo para que entiendas todos estos pasos:

"Te pido por favor que borres todos los futuros potenciales creados por mi desde una baja vibración o desde una creencia y te pido tener un mejor trabajo o mejora laboral para mí y para las personas que me rodean o mis compañeros, o algo mucho mejor" y dormirte con el pensamiento de soltar esos pensamientos que se tienen que ir…*"suelto y perdono y doy las gracias por la información que está viniendo con la certeza de que así será. GRACIAS, GRACIAS, GRACIAS. Ya lo tengo en mí, estoy descargando lo que me merezco"*.

A partir de aquí amanecerás con una sensación de ya tener aquello que pediste en ti, dentro de ti está esa información. Sólo hay que prestar atención a las señales y ponerte en acción.

> *"Éste es el más peligroso de los obstáculos: pensar que no te mereces lo que la vida te está entregando".*
>
> **Paulo Coelho.**

Acepta todo aquello que tu Yo Superior y tú habéis creado como un regalo. La vida te está entregando lo mejor de ti y tú, mi querida estrella valiente, te lo mereces.

Como puedes ver todo el mundo es capaz de canalizar y entender todos los mensajes que vienen del Universo. Y como ya te he dicho mi preferencia es hablar con los guías espirituales. Pero reconozco que yo practico esto mucho y tengo contacto con mi Yo Superior para decirle qué experiencia quiero vivir y cual quiero dejar de experimentar.

Realmente es así como debemos comunicarnos con él. Como si nosotros, sus avatares, pidiéramos que proyectara otra experiencia diferente. Recuerda que tan solo somos los hologramas y que aquí estamos para experimentar lo que en la bola de luz y amor no podíamos experimentar.

Recuerda que el Universo siempre responde a tus preguntas…

TODO COMENZÓ CON LAS PREGUNTAS

EL UNIVERSO SIEMPRE RESPONDE...

Durante toda mi vida he recibido información canalizada del Universo, pero en muchas ocasiones, y han sido la mayoría de ellas, no la entendía o no sabía que quería decirme. No era feliz con las cosas que tenía o que me pasaban. Y ni siquiera con toda esa información que no sabía cómo utilizar.

Hasta que me planteé que quizás es que una comunicación correcta con el Universo, con la Fuente. Entonces empecé a formular las preguntas más exactas y concretas, para que me diera las respuestas que justo necesitaba.

Empecé a elevar mi conciencia con preguntas como: *¿Qué puedo hacer para ayudar? ¿Qué se requiere de mí? ¿Cómo puedo ser mi mejor versión?* Cada vez que preguntaba me sentía más llena y más consciente. Todas las respuestas son atendidas y respondidas por el Universo.

Entonces decidí a ayudar a más personas preguntando, canalizando, sus dudas, sus miedos. Siempre obtenía respuesta pero llegó el momento en el cual las preguntas que me hacían, algunas eran absurdas o simplemente preguntaban por curiosidad. Como por ejemplo: ¿Cuándo me llamará el chico que me gusta? O ¿De qué color debo pintar mi casa? No eran preguntas de algo importante que les preocupara o necesitaran respuesta, por lo menos del Universo.

Me di cuenta que realmente estas personas no querían cobrar conciencia ni acceder a ella, no eran consultas importantes y que las respuestas de mis guías ya no eran tan exactas o concretas. Así que decidí formular las preguntas al Universo o mis guías de forma correcta, creando así una respuesta inmediata y certera.

> *"Hay cuatro preguntas de valor en la vida: ¿Qué es sagrado? ¿De qué está hecho el espíritu? ¿Por qué vale la pena vivir? ¿Y por qué vale la pena morir? La respuesta a cada una es la misma; sólo amor".*
>
> **Johnny Depp.**

Gary Douglas, fundador de "Acces Conciousness" que consiste en una terapia de barra de acces, acceso a la conciencia, era una persona infeliz y se preguntaba: "¿Qué sigue? ¿Qué hay más?" Sentía un vacío y en meditación empezó hacer preguntas al Universo: "¿Qué puedo hacer y recibir para hacer un mundo mejor?". Se dio cuenta que cada día que preguntaba recibía respuestas y empezó a elevar su conciencia, canalizaba y ayudaba a facilitar en sus terapias. Pero vio que las preguntas que las personas que atendía no eran correctas y decidió preguntar la siguiente pregunta:

"¿Cómo podría yo amar mi vida?".

¿Qué es lo que ocurre con esta pregunta? Pues lo que sucede es que esta pregunta te posiciona en la espera de la respuesta sin expectativa. Es decir, que obtienes respuestas sí o sí. El Universo desea que le hagas preguntas para recibir las respuestas que él te da.

Pero no intentes responderla, esperarla o crear expectativa sobre ella porque todas las preguntas son contestadas por el Universo, ya sean de forma consciente o inconsciente.

<u>Cuando estás en meditación y formulas esta pregunta estás permitiendo una apertura de amor enorme en tu vida para que el Universo te demuestre de muchas maneras como podrías tu amar tu vida.</u>

Imagínate qué pasaría si de verdad permitieras que la verdad, que la respuesta a esta pregunta, entrara a tu vida. Es una pregunta muy potente, es impresionante. Prueba a formularla cada día. Y cuanto más la hagas más te colocas es ese lugar donde permites esta apertura de amor. Amor desde la conciencia. Y más contacto tienes con el Universo.

Cualquier desafío que estés pasando ahora mismo en tu vida, lo único que tienes que hacer es preguntar al Universo.

Así que cualquier pregunta que tengas es importante, es válida y vas a recibir una respuesta. No intentes saber cómo vas a recibir la respuesta porque nadie sabe cómo se recibe, sólo lo sabe el Universo, así que déjalo en sus manos. Puedes estar seguro/a que respuesta recibirás.

<u>Tú eres la pregunta, y estás permitiendo que tú también seas la respuesta. Hay una permisibilidad y apertura que acepta este intercambio de información.</u>

En el momento en el que tu lanzas la pregunta al Universo no solo te ayudas a ti a encontrar respuesta, sino que además, estás ayudando a miles personas en este planeta a recibir y canalizar cada uno con su información y a su manera. Con el hecho de hacerte la pregunta a ti y recibir tus respuestas, estarás ayudando al conjunto de seres de este planeta. En Unidad con el Todo.

Así que ámate y haz las preguntas correctas porque todos te necesitamos.

Si tienes escasez o deudas puedes formular las preguntas correctas al Universo y recibirás respuesta. Por ejemplo: *"Universo, ¿Cómo puedo recibir abundancia a mi vida? ¿Cómo puedo ser un ser humano abundante?"* Cada día haces una pregunta. Puede ser que cada día la haces de forma distinta pero con el mismo contenido, es decir que tenga que ver con lo mismo que preguntamos.

Te vas a convertir en la respuesta. **El Universo te utiliza para responderte**. Es así de fácil. Es tan fácil que por eso las personas no lo hacen. Tan sólo el 1% de la población se sientan a meditar y formular las preguntas correctas.

Y cuando reciben respuesta se sorprenden y no continúan haciéndolo. Esto debe ser un hábito, estar en continuo contacto con el Universo.

El Universo está deseando estar en contacto para mandarte un futuro potencial entre todos los futuros potenciales que hay. Me refiero a la Unidad en sí, ya sabes que el que manda los futuros potenciales es tu Yo Superior, pero evidentemente hablamos de lo mismo. Es parte del Universo.

Para todas las preguntas existen millones de futuros potenciales y solo recibes uno. El resto van a caer para las demás personas que preguntaron. Así ayudas a la conciencia del planeta con el simple hecho de generar una pregunta para tu bien. Así es como entras en comunicación con el Universo y contactar con él te ayudará a encontrar tu propósito de vida.

Una pregunta buena para saber cuál es tu misión de vida es:

¿Qué es lo que se requiere de mí hoy?

Tus guías van a acompañarte para que entiendas la respuesta y tú seas la respuesta a esa pregunta. Así estarás conectado/a con tu propósito.

Las preguntas puedes hacerlas a todas horas y de hecho lo ideal es vivir en estado constante de preguntas y respuestas. Como un flujo. Porque cuando no haces preguntas o recibiendo respuestas, estás juzgando o controlando algo. Entras en el miedo, juicios o cualquier estado que pertenece a la mente o al ego.

Si estás en estado de pregunta, estás en estado de permisión. Estás permitiendo que el Universo te conteste y tengas así comunicación con él constantemente. Él te guía, te mantiene en ese flujo de permisión.

Puedes hacer las preguntas que quieras incluso aquellas que pienses que puedan ser tontas. Si quieres comprarte una chaqueta pero no sabes si hacerlo o que piensas que es mucho dinero o que no puedes permitírtelo, pregunta: *"¿En este momento es correcto comprarme esta chaqueta?"*.

Si la respuesta es SÍ vas a sentir ligereza, como que fluye. Si la respuesta es NO vas a sentir densidad, como que pesa y no vibra igual.

Siempre vas a saber que lo que sucede es porque has sido guiado, siempre vas a recibir una respuesta. **Es una ley universal.**

Y ¿Cómo sabemos que las respuestas que obtenemos son del Universo y no de mi mente-ego? ¿Cómo lo podemos diferenciar? Una de las maneras que hay para saber las respuestas es formulando las preguntas como si fuera una conversación con alguien…

Por ejemplo puedes preguntar al Universo como si fuera un amigo. Incluso si te apetece puedes cambiar el nombre. Te voy a explicar lo que yo hago:

- ¿Universo, es correcta esta decisión que estoy tomando respecto a mi vida amorosa?

Espero un instante….Y recibo la respuesta. Ésta fue la que recibí cuando hice la pregunta:

- Es correcto porque en estos momentos es necesario.

Pero no siempre las recibirás en forma de conversación. Yo suelo tenerlas así porque he practicado mucho la canalización. Pero de repente te contesta con una acción, una llamada, una situación, etc. Mi última pregunta fue relacionada con mi vida amorosa y me respondió con una noticia por teléfono seguida de un viaje, una unión y apoyo por un fallecimiento, como ya te he contado antes.

Las respuestas no las recibimos como nos pensamos. Vas a saber que vienen del Universo porque sólo él sabe cómo las vas a recibir, de qué manera, y se encargará que las entiendas bien. Porque te conviertes en la misma respuesta.

De repente vas a saber y ya está.

De hecho ninguna pregunta que hagas va a ser respondida por el ego, porque esas preguntas llegan más allá, llegan hasta el Universo. Es una ley. Además el ego te utiliza a ti para responder y si dejas que la respuesta te venga y no la respondes entonces ya sabes que es el Universo.

El Universo nos manda las señales constantemente durante todo el día pero a veces no las entendemos porque no le prestamos atención. Tenemos que estar en un estado de permisión y apertura constante.

> *"Al final, al final de todo, uno responde a todas las preguntas con los hechos de su vida".*
>
> **Sándor Márai.**

¿Podemos formular las preguntas de otra forma o por otro lugar? *Sí.* Las preguntas las puedes formular a tus guías, a los ángeles, a los arcángeles, a tu Yo Superior, incluso a otros seres de luz. Cada persona debe ver y sentir a quien debe hacerle las preguntas. Todas las respuestas provienen del mismo sitio; del Universo o Dios. Ya sabes que él tiene mensajeros.

Yo normalmente suelo hacer las preguntas a mi guía espiritual. Es un ser increíblemente especial y siempre tiene las respuestas y guía para mí. Pero en ocasiones cuando he tenido algo doloroso, o de desesperación o cuando no he logrado entender he pedido a Dios que por favor me ayude. Entonces mi guía le comunica y enseguida acude a mí dándome amor y consuelo y todas las respuestas que necesito para mis preguntas. En ocasiones viene a darme los mensajes de forma improvisada cuando lo ha visto oportuno. También, a través de mis cartas-oráculos, las hadas me contestan y me dan mucho consuelo. Puedes elegir varias vías pero el Universo o Dios te responderá como mejor vea para hacerte llegar las respuestas.

Los mensajeros suelen dar las respuestas más contundentes y repetitivas para que tú las entiendas, sobre todo los guías y los arcángeles, ellos saben perfectamente cómo hacértelas llegar. En cambio Dios es más claro, conciso y a la misma vez es amor en cada palabra, es como una brisa de dulzura. En ocasiones suele besarme la frente en señal de amor y protección. Es increíble la sensación de paz y serenidad que transmite.

Sea con quien sea al que te dirijas para hacer las preguntas siempre recibirás respuesta. Así que practica a todas horas y en todo momento, cada día. Mantente en contacto constantemente con el Universo.

> *"No hay preguntas sin respuesta, solo preguntas mal formuladas".*
>
> **Matrix.**

Pero existe una pregunta que hace que todas las respuestas se contesten de forma automática y nos hace recordar nuestra existencia…

¿POR QUÉ?

Cuando preguntas por qué ha ocurrido o está ocurriendo algo, automáticamente generas una energía que atrae la respuesta que necesitas. No importa si tu consciente ha recibido una respuesta o no, porque la que te llega con esta pregunta te viene de forma automática y es muy sanadora.

No debes obsesionarte con el porqué, todo lo contrario; si realizas la pregunta y te liberas de toda expectativa y delegas al Universo la respuesta te sentirás libre, dejarás de controlar y llegará a ti esa respuesta sin interferencias. Ya sabes que el Universo siempre te responde, aunque no sea como esperas ni en el momento que prefieras.

Y ¿Por qué si es tan importante saber las respuestas no venimos a la Tierra recordando lo que hemos pactado en los acuerdos prenatales?

<u>Pues por la sencilla razón que la vida en la Tierra parece más real si no lo recordamos y así poder experimentar todos los sentimientos y emociones y todos los aprendizajes durante la vida</u>.

Si recordamos el plan seria como hacer un examen con los libros abiertos sobre la mesa. El aprendizaje es mayor cuando no buscamos en libros o en internet, cuando integramos y aceptamos las respuestas por nosotros mismos. Asimismo, el hecho de descubrir las respuestas indagando, desarrollamos una parte muy importante de este viaje; creamos más conciencia. Si supiéramos las respuestas nunca buscaríamos las respuestas y no habría aprendizaje.

> *"Cuando creíamos que teníamos todas las respuestas, de pronto cambiaron todas las preguntas".*
>
> **Mario Benedetti.**

Lo que sucede que siempre intentamos tener el control absoluto de todo. De las preguntas de las respuestas, de todo lo que no rodea. Y es por eso que constantemente el Universo nos cambia las preguntas. Nos hace formular preguntas distintas para obtener respuestas diferentes.

Y aunque seamos las preguntas y respuestas es el Universo el que las formula.

Sus acciones son nuestras acciones.

> *"Jesús no vino a decirnos las respuestas a las preguntas de la vida. Él vino para ser la respuesta".*
>
> **Tim Keller.**

El propósito de preguntar el porqué es incitarte a dejarlo en manos de tu corazón. Cuando le prestas atención al camino y a la llamada de tu corazón, estás cumpliendo con tu plan de vida.

Así que la siguiente pregunta está formulada para que contestes con el corazón y dejes fluir la respuesta...

¿INTENTAS CONTROLARLO TODO?

EL UNIVERSO SIEMPRE HA TENIDO UN PLAN PARA NOSOTROS...

Todos tenemos un propósito aquí en la Tierra. Pero siempre estamos controlando todo, absolutamente todo; nuestros ingresos, nuestra familia, nuestra casa, nuestra pareja, nuestros hijos.

Estar constantemente enfocados/as en el futuro y en querer controlarlo todo, en el que pasará, está creando una frecuencia y vibración que no corresponde y es totalmente opuesta a la frecuencia y vibración de tus sueños.

Una lechera llevaba en la cabeza un cubo de leche recién ordeñada y caminaba soñando despierta. Pensaba: "Esta leche dará mucha nata, la cual batiré hasta convertirla en una mantequilla que me pagarán muy bien en el mercado. Con el dinero me compraré un canasto de huevos y pronto tendré pollitos. Cuando crezcan los venderé a buen precio, y con el dinero me compraré un vestido nuevo. Me lo pondré el día de la fiesta mayor, y el hijo del molinero querrá bailar conmigo. Pero no voy a decirle que sí a la primera. Esperaré a que me lo pida varias veces y, al principio, le diré que no con la cabeza". La lechera comenzó a menear la cabeza para decir que no, y entonces el cubo de leche cayó al suelo y la lechera se quedó sin nada.

Cuando pretendes controlar todo lo que planeas en realidad dejas de tener el control de todo. Mientras controlas no tomas acción y si no tomas acción tu cubo de leche se cae al suelo y lo que tu cabeza controlaba con la mente dejó de hacerlo y perdiste toda la leche, perdiste aquello que soñaste qué harías con toda la leche y con los sueños que dejaste de realizar.

Tu verdadera esencia se ve afectada cuando tú intentas controlarlo todo.

Tus bendiciones están en otra frecuencia vibracional distinta.

"Las preguntas más importantes de la vida, de hecho, no son en su mayoría más que problemas de probabilidad".

Pierre Simon Laplace.

Esto es muy importante de que lo entiendas, porque en el momento que nos rendimos y dejamos fluir, cuando solemos decir: "QUE SEA LO QUE DIOS QUIERA"; entonces estamos permitiendo la entrada a esa frecuencia que vibra tu esencia verdadera. Es como decir que *SE HAGA LA VOLUNTAD DE DIOS* y no la nuestra.

Entonces, las bendiciones, la paz, la felicidad, el bienestar, la luz y todo lo que deseamos entran a tu vida. Y es ahí donde damos paso a nuestra misión, a lo que hemos venido a ser.

Prueba a hacer esta sencilla meditación para soltar. Cuéntame los resultados.

Busca un lugar cómodo donde puedas sentarte. Cierra los ojos, descruza tus piernas, espalda recta y pon las palmas de tus manos hacia arriba sobre tu regazo.

Inhala, exhala varias veces. Ahora llama a tu guía y le pides que proteja este espacio llenándolo de compasión y amor. A continuación comunicas al Universo lo siguiente; *"Gracias Universo por estar hoy presente y estar dispuesto a ayudarme, yo estoy dispuesto a (pensar y decir en lo que estamos dispuestos a dar, a ofrecer y a dejar de controlar, sabiendo que el Universo se encargará y te dará todas las bendiciones más elevadas)*" y efectuamos las siguientes preguntas para obtener mayores respuestas:

"¿Qué te gustaría que yo hiciera?"

"¿A dónde deseas llevarme?"

"¿Qué te gustaría que dijera?"

"¿Cuál es tu voluntad para yo hacer?"

"¿A quién quieres que me dirija?"

"Gracias Universo por redirigirme, enseñarme, reorganizarlo todo e indicarme hacia dónde debo ir". Inhala luz, exhala control. Abre tus ojos cuando estés preparado/a.

Esta es una sencilla meditación y muy efectiva. Si la practicas a diario estás permitiendo que el Universo lleve el control y tú te estás permitiendo fluir.

Tienes un plan inmensamente grande como eres tú, un gran ser. Ni siquiera puedes llegar a imaginarte lo grande que eres. Y el Universo solo está esperando a tu abras las puertas con mucha expectativa e intuición. Lo único que debes hacer es desearlo, tomar acción y tener FE.

> *"Cuando sufres, oblígate a recordar un momento alegre. Una sola luciérnaga es el fin de la oscuridad"*.
>
> **Alejandro Jodorowsky.**

Millones de bendiciones te están esperando. Y tú ¿A qué esperas?

Pero muchos nos preguntamos algo que nos crea una gran confusión...

¿DELEGO AL UNIVERSO O TOMO ACCIÓN?

DELEGO EL CONTROL AL UNIVERSO O TOMO ACCIÓN Y RESPONSABILIDAD...

Esta duda se suele presentar a menudo y es algo que nos hace reflexionar. Y la respuesta es que ambas opciones son correctas.

Cuando conocí la espiritualidad, en mi despertar, comencé a dejar de querer controlar todo y a prestarme más a fluir dejando todo el control y responsabilidad al Universo. Un enorme error que algunas personas espirituales cometemos. Ya que no me hacía partícipe de nada y cuando nada sucedía le culpaba a él.

Te comenté al principio de esta saga que todo se trata de llevar un equilibro. En el mundo, en todo, se necesita un equilibrio. Y ¿Sabes una cosa? Tus deseos son los deseos del Universo. Él quiere lo mismo que tú, tan solo cada uno tiene que hacer su parte. **Es tu socio**. No puedes dejarle a él toda la faena y encima culparle por no hacerla bien. En una empresa todos deben trabajar y poner su parte.

No hay diferencia entre tus deseos y los deseos del Universo.

Tú eres parte de esa luz y ese amor inmenso, por tanto son los mismos sueños, la misma fuerza, la misma voluntad, la misma magia.

> *"Te volverás tan pequeño como tu deseo controlador; tan grande como la aspiración dominante".*
>
> **James Allen.**

Cuando tienes una visión muy clara de lo que deseas es realmente fácil conseguirlo porque el Universo también lo desea y si tu socio y tú deseáis lo mejor para la empresa y con el mismo deseo pues entonces se materializa mucho más rápido y eficazmente.

Cuanto más grande sea tu deseo mejor. Hemos venido a experimentar a este mundo. A experimentar nuestro potencial y fuerza infinita, a recordar lo que en realidad somos. Y cuanto más grande es tu deseo más fuerza le pondrás en el proceso hacia ese sueño, y más rápido recordarás quien eres.

> *"Un hombre creativo está motivado por el deseo de lograr algo, no por el deseo de vencer a otros".*
>
> **Ayn Rand.**

Todo esto es muy importante de que lo entiendas. Pero no olvides jamás de dónde vienes y hacia dónde vas. Recuerda siempre formularte las 5 preguntas que viste en los demás libros de la saga TU DON. Debes saber lo que es realmente importante.

Una de las cosas realmente importantes es pedir siempre guía y acompañamiento, al Universo. Muchas veces te manda a sus mensajeros pero es a través de él que puedes lograr entender y descifrar todo lo que quiere transmitirte.

A mi particularmente, me comunico con mi guía espiritual a diario, pero también cuando rezo le hablo directamente a Dios o Universo para delegarle el control y se haga su voluntad, que no deja de ser la mía. Pero así, de esta forma, no influye mi mente ni juicios, ni miedos.

Tú le otorgas así al Universo libre albedrío y el Universo te lo otorga a ti, de tal manera que solamente con pedir su apoyo el Universo se infiltrará en tu vida dándote lo mejor del mundo para ti.

Y es vital que lo haga porque tú no sabes con exactitud qué es lo mejor para ti, porque en muchas ocasiones es nuestro ego el que actúa en nombre nuestro. ¿Y quién mejor que en nombre del amor y no del ego como es el Universo para que nos ayude?

El Universo puede ver la imagen completa de tu vida.

Él tiene la pantalla panorámica mientras tu pantalla es parcial, la convencional. Él conoce de tus futuros potenciales y cuando le pides guía él siempre va a estar ahí.

No hay pregunta que tú le hagas al Universo que no tenga respuesta. Es ley Universal. Todos los días cuando te despiertes pregúntale al Universo: *"¿Qué es lo que se requiere de mí en el día de hoy?"* Y el Universo a través de tus acciones constantes, a través de la familia, amigos, en tu día a día, con sus mensajeros te hará llegar la respuesta.

> *"Dios es omnipotente y perfecto y el Universo es infinito; si Dios lo conoce todo entonces es capaz de pensar en todo, incluido lo que yo pienso. Debido a que Dios es perfecto y conoce todo, debe crear lo que yo pienso. Yo puedo imaginar un infinito número".*
>
> **Giordano Bruno.**

Y cuanta más comunicación tengas con el Universo más apertura tendrás, más conciencia y más mensajes y revelaciones llegarán a tu vida.

Muchas personas me preguntan: "Nuria ¿cómo puedes lograr tener tanta información y tantos mensajes de los guías y de Dios?" Pues no es nada más que práctica. Todos lo podemos conseguir porque todos tenemos ese *DON*. No es tan peculiar, tan solo debemos practicar a diario. Es así como lo he logrado. Cada día me comunico, y es verdad que, al principio cuesta mucho entender pero poco a poco vas conectándote más y más hasta que eres capaz de tener una conversación fluida.

Así que, delegar el control al Universo no es quedarse sentado/a a esperar sin hacer nada a que el Universo lo haga todo, que arregle tu vida. Ni tampoco quiere decir que hagas, hagas, hagas y solo te enfocas en tus metas ignorando los mensajes del Universo.

Acuérdate qué pasa cuando llevas todo a los extremos, no es el camino correcto. Pero cuando se une tu acción y la voluntad de Dios entonces es cuando los deseos se manifiestan. Entonces es cuando encuentras la verdadera paz y felicidad en tu vida y para todas las personas que te rodean.

La fórmula definitiva a la creación de tus deseos quedaría así:

ACCIÓN + VOLUNTAD DEL UNIVERSO (DIOS) = CREACIÓN DE DESEOS.

> *"La vida es demasiado corta para tener miedo y no correr riesgos. Prefiero ser la persona que dice 'me equivoqué', que decir 'desearía haber hecho eso'".*
>
> **Justine Skye.**

Pero es difícil dejar de escuchar tu mente cuando te dice ciertas cosas, cuando intenta llevarlo al control. Te quiero presentar a alguien y contarte las conversaciones que tenemos…

Pero es difícil dejar de escuchar tu mente cuando te dice ciertas cosas, cuando intenta llevarlo al control. Te quiero presentar a alguien y contarte las conversaciones que tenemos…

CONVERSACIONES CON EVA

Te quiero contar una experiencia de mi vida...

Me parto de la risa cada vez que me acuerdo de las historias que nos ocurren a mi amiga Claudia y a mí con las conversaciones que tenemos con Eva.

Eva es muy especial, es caprichosa, siempre me frena cuando sueño en grande. Siempre escucha el miedo en todo lo que hago y siempre está diciéndome: ¡cuidado! Es muy negativa, intenta que siempre me mantenga en la zona de confort. Es muy rara porque a veces me dice unas cosas y otras veces me dice cosas totalmente contrarias, a veces creo que es bipolar jeje. También me dice qué comida debo comer, sobretodo le encanta que coma bocadillos, dulces, helados, mucho chocolate, embutido y sobretodo muchas chuches. ¡Ay! esta Eva me vuelve loca cuando hay días que me dice que me quede en cama cuando no tenga ganas de hacer nada, o que vea la tele.

- Claudia ¿te puedes creer que hoy Eva me ha dicho que quiere que coma unos dulces?- Le dije a mi amiga.

- ¡No te puedo creer! – Dijo Claudia.

- Siii y encima me dio ansiedad y me comí varios dulces. Para colmo no he podido hacer mi trabajo, no podía levantarme de la cama, no tenía ganas de nada. –Le dije.

- Nooo ¿en serio?- Exclamó Claudia. -¡Ay que malísima es Eva!

Y así son muchas de las conversaciones que tengo de Eva con mi amiga Claudia. Otras son más serias pero Claudia y yo intentamos tomarlo con humor. Total Eva es caprichosa…y casi siempre solemos vencerla.

¿Sabes quién es Eva? Te voy a contar más de ella…

Eva es independiente y siempre está atenta a todo lo que hago. Y cuando cree que algo se sale fuera de lo normal activa una alarma y provoca una situación para que no actúe diferente, manteniéndome siempre en el mismo sitio. ¡Que maja ella! No vaya a ser que me pase algo…

No le gustó nada que escribiera esta saga. De hecho me dijo que como lo hiciera me provocaría una enfermedad, días de desconsuelo, dolor y muchas cosas más. ¡Le encanta meterme miedo! Me dijo que todos me juzgarían, que no lograría tener éxito ni podría ayudar a nadie con mis experiencias.

Podría seguir contándote lo desastre que es Eva pero seguro que te estarás preguntando que qué hago yo con esta clase de amigas ¿verdad? Tienes razón. Eva digamos que no es una amiga común pero debo decirte que sin ella no existiría.

Eva me mantiene en estado de alerta, me hace reaccionar en situaciones de peligro para descubrir qué hay detrás de ese peligro. Me hace crecer y evolucionar. Me da lecciones constantemente. Permite que reflexione ante un desafío. Eva puede ser una gran aliada cuando le explico qué debe tomar como peligro la escasez y no la abundancia, el fracaso y no el éxito, el desamor y no el amor. Ella entiende a base de repetirle las cosas y creando situaciones favorables impactantes. Reacciona muy fácilmente y a mi favor cuando ve que todo lo que le cuento es verdad y me hace feliz. Tan solo es un poco testaruda.

Recuerdo una conversación con ella:

- Eva lo que intento explicarte es que con estos libros puedo ayudar a otras personas a superar algún desafío, a sanarse, a escuchar los mensajes del Universo y a encontrar su misión de vida.

- Ya pero igual no consigues llegar a nadie ¿quién va a leer tus libros?- Dijo Eva.

- Pues seguramente al principio no me conozca mucha gente pero sé que lograré llegar a muchos corazones.

- ¡Chorradas! Ya estabas bien así como estabas ¿acaso te morías de hambre o vivías debajo de un puente? Ahora estarás en el punto de mira y te criticarán. Mejor quédate cómo estás. Te estás gastando mucho dinero, estás invirtiendo mucho tiempo y encima te has quedado sin pareja, te ha costado la salud y para colmo te estás quedando sola alejándote de algunas amigas incluso de la familia.

- ¡Pero qué dices Eva! No tienes ni idea de lo que es ir a por tus sueños. Hay que hacer sacrificios y el más grande es aguantarte a ti y a todas las personas que no confían en mi labor. Pero dime ¿crees que no tengo bastante ya con todos los fracasos que he tenido? Y precisamente con todo lo que has nombrado. ¿No crees que ya va siendo hora de hacerlo precisamente por todas esas personas y por muchas más? ¿Y si te digo que voy a ser feliz así?

- Quizás tengas razón Nuria. Pero dime ¿cómo tratarás de convencerme? Necesito pruebas de que lo lograrás.

- Las tendrás. Pero debes prometerme que no intentarás boicotearlas Eva.

- Lo intentaré.

Y así es como mi amiga Eva y yo nos vamos poniendo de acuerdo poquito a poco. Con mucha paciencia y amor logro hacerle entender que para ser feliz debo arriesgarme. Debo salir de esa zona donde nunca ocurre nada. Yo he venido a este mundo para vivir todas las experiencias que quiera y ella no entiende que así lo deseo yo.

> *¿Quieres algo?*
>
> *Entonces ve, y haz que pase, porque la única cosa que cae del cielo es la lluvia.*
>
> **Anónimo.**

Pero cuando le cuento mis verdaderos deseos al fin los entiende, cede y me ayuda. Gracias Eva.

¿Sabes quién es Eva ya? Todos tenemos una Eva en nuestra vida.

Eva es mi MENTE.

Jaja te habrás sorprendido ¿no? Si, así la llamamos mi amiga Claudia y yo a nuestra mente. Todo viene por un libro. Uno que ya te he hablado varias veces de él.

En el libro "La voz de tu alma" de Laín García Calvo nos cuenta cómo ha sido mal interpretada la Biblia y todas las enseñanzas de Jesús. Laín ha estudiado bien todos los escritos de la Biblia y lo ha bajado a la tierra y nos cuenta de manera sencilla y en el mismo idioma la explicación de la **CREACIÓN**. Nos cuenta que Adán y Eva no son dos seres separados ni hombre o mujer; Adán representa el cuerpo y Eva representa la mente y el alma. Esto explica lo que significa que cuando Eva (la mente) comió del fruto prohibido, Adán (el cuerpo) y Eva fueron expulsados del paraíso, condenados a sufrir males y dolores que sufrimos todos los humanos. Qué casualidad que Eva comiese la manzana antes que Adán porque la mente es lo primero que aparece y luego según lo que mente haga el cuerpo se ve afectado. Aunque no te lo creas es así. Pero el problema de esto no es lo que creas tu o yo si no la distorsión que ha habido de todo lo que se dicen en la Biblia y en otros libros sagrados de otras religiones.

Como ves no es el único libro que habla de Eva. Pero debes saber que Eva no es nuestra enemiga, ella es nuestra amiga cuando comprende, cuando la información que recibe se instala en ella. No todo es malo en Eva.

Nuestros peores enemigos nos transformarán. Nuestros enemigos son los más grandes maestros.

Recuerdo cuando era pequeña y me engañaban en casa para que dejara irse a mis padres sin mí. Siempre hacia pataletas y entonces me engañaban, me distraían con algo y cuando me daba cuenta que no estaban pues volvía a tener la pataleta.

Pues Eva es igual, hay que engañarla para que te deje hacer lo que deseas sin que tenga que ir contigo a todas partes, a meterte miedo y no dejarte avanzar. Debes entender que ella tan sólo pretende protegerte de lo que ella cree que es peligro. Pero si tú le dices que el peligro está en no tener lo que deseas entonces te protegerá de eso y seréis invencibles.

Si Eva y tu alma se ponen de acuerdo tu Espíritu se exaltará, se expandirá y habrás cumplido con tu misión, la razón de tu existir…

RECOPILA

SANACIÓN ALMA Y KARMA...

Nuestros planes de vida están creados para sanar ciertas vivencias o energías sin resolver de vidas anteriores; el juicio, la culpabilidad, la ira y muchas emociones negativas. Es decir, todo aquello que queda sin sanar en una vida debe sanarse en otra.

A veces no completamos el propósito o misión de vida porque hay miedo alojado en el subconsciente de vidas pasadas. Y es ahí donde tenemos que reequilibrar el karma para que nuestra alma se restablezca. Por eso existe el plan de vida.

El karma no se equilibra haciendo el bien a otra persona, como todo el mundo piensa. Sino teniendo uno mismo la experiencia.

El karma se equilibra cuando el alma ya ha experimentado todos los aspectos del asunto y se libera cuando se resuelven la causa que originó el desequilibrio.

La comunicación con tu alma es muy importante, es esencial. Ella tiene unas necesidades que tienen que ser atendidas.

En este primer paso "Comunícate" hemos visto la importancia de conocer la verdad; para saber nuestra misión aquí en la Tierra debemos saber *"cómo comenzó todo"*. Todo empezó con una gran bola de luz llamada Dios, Universo, Conciencia, Divinidad, como prefieras llamarla. Y de ahí nació tu propia Conciencia más elevada de ti. Quisiste experimentar la vida y así lo hiciste. Y aquí estás.

Hablamos de Nuestro Hogar; un lugar donde estamos y de donde provenimos, sin duda, llenos de paz, luz y amor. Así que cuando no deseas experimentar más en esta vida, regresas a ese Hogar. Pero donde aprenderás, evolucionarás y elevarás tu conciencia es aquí, experimentando esas vivencias. Porque los desafíos y ciertas circunstancias que nos parecen injustas hacen que tu alma transmute y evolucione.

Existen 3 partes del Alma-Ser y hay que tener en cuenta que cada una de ellas tiene unas necesidades. Pero cuando el alma decide vivir estas experiencias en la Tierra se encuentran con unas creencias que debemos cambiar. Son creencias desde el miedo y la ignorancia.

Cambiarlas actuando *"como si..."* y ponerle sentimiento, esa es la clave para modificar esas creencias.

Por suerte tenemos más herramientas para cambiarlas como contactar con tu Yo Cuántico o Yo Superior constantemente.

Sabemos que el Universo siempre responde a tus preguntas, así que podemos lanzar las preguntas que necesitamos saber para que Él haga su labor y nos ayude a resolver esos conflictos o dudas que tenemos. Cuando las lanzas al Universo y te mantienes en espera, recibes todo lo que necesitas.

No intentes controlarlo todo, delega al Universo. Él tiene un plan para ti, para todos. Pero eso sí, una vez tengas tus objeticos claros toma acción. **Los resultados los obtendrás delegando al Universo y tomar acción, la suma perfecta**.

Conversa con tu mente, tu amiga Eva. Convéncela de que te ayude a lograr tus éxitos. Ella será una gran aliada tuya si sabes cómo tratarla.

El objetivo de este libro y de toda la saga TU DON es ayudarte a recordar quien eres, el **SER** grandioso y creador, ilimitado, eterno que eres y que planeó esta vida que vives ahora con la intención de elevar tu conciencia aún más.

Así que sigamos para encontrar tu misión de vida, de esta vida....

Tu Misión de Vida

2º PASO

DESCUBRE

Descubre

¿Qué es lo que tu alma anhela?

¿Qué hay dentro de ti?

Con mis años de estudio he llegado a la conclusión de que el Alma tiene una personalidad. Es decir, que al igual que el Ego y el Espíritu lo tienen, el alma también. Es una personalidad creada por la experiencia vivida, vida tras vida. Esta investigación la he ido llevando a cabo durante años. Sentía que, como hemos visto en las necesidades que el alma tiene, debemos sanar el alma por completo si deseamos encontrar la misión de vida.

No es necesario saber con exactitud cuál es el talento o don para el que viniste, por lo menos al principio. Debes ir forjando el camino conforme vayas sanando, es decir, cuando sane tu alma y trascienda. Verás que si tienes una continua evolución y trabajo constante diario de sanación del alma, ella misma te conducirá hacia tu misión Divina. Recuerda que es el anhelo de tu alma la que hace llevarte a tu misión de vida.

La única manera de que tu alma trascienda y lograr encontrar tu misión de vida es practicar el juego de **PRUEBA y FALLO**.

Este juego consiste en PROBAR aquello que crees que debes hacer en este justo momento y el resultado puede ser FALLO. Digo puede ser porque realmente no lo es, no es fallo. Todos los intentos fallidos son lecciones aprendidas. Es así como tu alma aprende y cuando vuelves a probar, el intento es **ACERTADO**. Así tu alma trasciende.

> *"Fallar a menudo es hasta ahora la mejor forma conocida de llegar más rápido al éxito".*
>
> **Tom Kellery.**

Todas las veces que he intentado una relación de pareja, todas las veces que he intentado un trabajo nuevo, todas las veces que he intentado mejorar mi vida, y que han sido intentos fallidos, realmente no lo han sido. En cada una de las experiencias que he vivido ha sido para aprender. Cada persona, trabajo, intento de mejorar mi vida ha sido una lección.

Cuando después de la relación tan devastadora cuando era adolescente intenté volver a empezar con una relación nueva pensé que tuve mal elección porque me había dejado maltratar. En realidad no fue así. Yo debía aprender a amarme más, a valorarme, a tratarme bien. Y eso hice. Entonces mi intento fue ACERTADO. Cuando me quedé en el paro y pensé en todos los trabajos que tuve esporádicos y en fábrica pensé que esos intentos eran fallidos. Cómo podía ser que aceptara ese trabajo que no me llenaba, trabajar por dinero. Tampoco fue fallido, aprendí a elegir lo que mi alma me decía y anhelaba, a sentir mi trabajo con entusiasmo, alegría, a hacerlo mi vocación.

Y ahora dime: ¿Sientes que estas en un intento fallido?

¿Estás donde deberías estar? ¿Estás con quien quieres estar? ¿Estás como deberías estar?

Escribe lo que crees que tu alma quiere y desea hacer contigo:

____

____

____

____

____

Tu corazón tiene una gran influencia en todas estas decisiones. Pues él es el único que te confirmará si vas o no por el camino correcto y es que aunque el RESULTADO sea FALLO y tu corazón te haya dicho antes de probar que debías hacerlo, es realmente necesario, ya que sin ese intento fallido no serías quien eres ahora.

> *"Sólo aquellos que se atreven a fallar en grande pueden lograr algo grandioso".*
>
> **Robert F. Kennedy.**

Si te conectas con la personalidad de tu alma con todas sus necesidades, todo sucede de forma fluida. Estás en el sitio que tienes que estar, te llega todo el dinero que necesitas, conoces justo a las personas que necesitas conocer. Sucede todo lo necesario para cubrir esas necesidades del alma y que fluyan tus deseos.

Esto es lo que llamamos coincidencias o diosidencias.

Los pequeños milagros que llegan a tu vida y se pone todo en su lugar. El puzle empieza a armarse con la imagen que tú diseñaste y pieza a pieza se va construyendo.

Así es como conectas con tu misión. Tu alma te lleva hasta ahí para lograrlo.

Somos seres muy complejos. Tenemos muchas personalidades, identidades, capas, cuerpos. Identificar la personalidad de tu Esencia es tu labor. Es muy importante porque tienes que saber el camino que debes recorrer.

Debes saber cuál es tu misión de vida.

En muchas ocasiones, y de manera repentina, tenemos como unos "*parones*". Como una pausa o un descanso de todo aquello que tenemos en el día rutinario. Proyectos, trabajos, todo se paraliza como si se parara el tiempo. Esto es debido a que el Universo nos paraliza estos proyectos para darnos un mensaje. Quizás sea para que nos enfoquemos hacia otro lado, que tomemos otro camino. Es una forma de decirnos que dejemos ese trabajo o proyecto para dedicarnos a otra labor.

Así que si quieres conocer tu misión de vida y estar en tu propósito, lo único que deber hacer es *INVESTIGAR*. Observa lo que ocurre a tu alrededor. No dejes entrar al Ego, con miedos e inseguridades. Párate y observa.

"Investigar es ver lo que todo el mundo ha visto, y pensar lo que nadie más ha pensado".

Albert Szent Gyorgi.

Yo misma he vivido esta experiencia. Cuando me dedicaba solo a las terapias, el Reiki, masajes y la estética lo que sucedía es que parecía que tenía mucha faena y de repente tenía un parón muy grande. Los cursos se posponían, las sesiones se anulaban y a veces no había más llamadas para coger cita. Era algo inexplicable.

En cambio ahora escribiendo mis libros he sentido otra energía distinta. Las personas empiezan a escribirme para obtenerlos, aunque todavía no los tengo a la venta. Me llaman para pedirme cita sobre sesiones de canalización. ¿Cómo puede ser? Pues porque, como te iba diciendo, se produce un parón para que te conectes con tu propósito de vida. Y así es como he descubierto el mío, mi misión de vida.

Otras personas conocen su misión de vida en circunstancias aún más inexplicables o poco entendibles. Como es el caso de la Dra. Mary C. Neal, cirujana ortopédica. Mary se ahogó en un accidente de kayak que tuvo en Chile. Al caer de una cascada, ella quedó atrapada en su kayak que estaba totalmente sumergido en el fondo. A pesar de todos los intentos de sus compañeros, Mary pasó demasiado tiempo bajo el agua y murió.

En su libro "*Ida y vuelta al Cielo*" nos relata su fantástica y verdadera historia del viaje espiritual posterior de Mary y lo que sucedió al partir desde su muerte hacia la vida eterna y el regreso a la vida. Una transición, sin duda, emocionante.

Mary nos comparte la espectacular experiencia del milagro que ocurrió. Cuenta cómo descubrió sus sentimientos y el entorno del Cielo, cómo se comunicaba con los ángeles y la tristeza que sintió cuando se dio cuenta de que su momento aún no había llegado.

A partir de entonces, la vida de Mary cambió por completo, gracias al descubrimiento de su misión de vida aquí en la Tierra, su nueva conciencia de Dios, estrechando relación con Jesús y reconociendo su propio viaje espiritual.

Si no cumples con tu misión y partes, de una forma u otra te hacen volver desde el Cielo.

Cuando vives ciertas experiencias a lo largo de tu vida, experiencias que deseas, las atraes. Pero si estas experiencias no son las experiencias que tu alma desea o necesita vivir se te apartas todas las circunstancias que te llevaron a ella. Tarde o temprano ese sueño se desvanecerá y volverás a encontrarte en la situación de INVESTIGAR.

Pero recuerda que tenemos muchas personalidades, identidades, capas, cuerpos y que si no las conoces bien puede que te lleven a los huracanes en los que en ocasiones te encuentras. En ese mar revuelto que te castiga con su oleaje.

Si todo lo que deseas, ya sea un trabajo específico en concreto, formar parte de tal empresa y otra, ser madre o padre, tener ciertas experiencias, no forma parte de tu plan, de tu alma, de tu personalidad, de Dios, de tu Conciencia Superior, las cosas o situaciones no van a fluir tan fácilmente. Tendrás que esforzarte mucho para que sucedan. Y eso es lo que ocurrió con mis terapias; siempre me sentía incómoda, nerviosa, porque nada salía como quería. Jamás me he arrepentido, porque esta experiencia cambió mi vida y soy quien soy hoy, precisamente por esas experiencias.

<u>En cambio si conoces lo que te apasiona, lo que te gusta, te sientes bien, a qué vienes, poco a poco es un constante fluir. Es un proceso en el cual debes disfrutar del camino.</u>

Es un proceso de descubrir quién eres.

Debes jugar a PROBAR-FALLO durante un periodo de tiempo para descifrar el ACIERTO.

Vamos a hacer un ejercicio. Haz una lisa de todos los momentos, proyectos, circunstancias que para ti fluyeron, que fueron increíblemente fáciles, que te sentiste realmente cómodo/a.

¿Lo tienes?

Ahora haz otra lista donde todos los momentos, proyectos y circunstancias no fluyeron, no fueron fáciles, no te sentiste cómodo/a.

¿Lo tienes?

Observa qué hay en común en ambas listas. En ellas podrás observar las características de tu personalidad, vas a identificar más sobre ella y podrás hallar pistas sobre tu misión de vida.

Todo esto sirve para hacer conciencia de lo que realmente fluye en tu vida y REPITAS ese proceso con todo lo que experimentes, dejando de ir a contracorriente ni estar en el ojo del huracán.

Esto te confirma:

1.- **Que vas por buen camino: Tu guía, tu alma lo sabe.**

2.- **Dios, sus guías, los ángeles, te llevarán por ese camino y tú siempre sabrás que es así. Siempre vas acompañado.**

Observa siempre los resultados para conocer tu personalidad.

Investiga cualquier situación que estés pasando. Cualquier situación requiere más información. Profundiza antes de tomar decisiones. Toma tiempo para investigar; pide información al Universo o Dios, incluso a otras personas que puedan ayudarte. Sigue las señales y recibirás los datos necesarios. Puede que tengas que cambiar los planes que tenías pensado. No te preocupes, será un cambio positivo y tendrás bendiciones.

> *"Observa, registra, tabula, comunica. Utiliza los cinco sentidos. Aprende a ver, aprende a oír, aprende a sentir, aprende a oler, y sabe que solo por la práctica puedes convertirte en experto".*
>
> **William Osler.**

Pide asesoramiento, confía en tu intuición, lee, estudia y dirígete hacia tu misión…

¿CÓMO DESCUBRIR TU MISIÓN DE VIDA?

A LO QUE VINISTE, PARA LO QUE NACISTE, PARA LO QUE PUEDES LLEGAR A SER...

Es una pregunta bastante amplia y compleja.

Todos somos seres distintos, con diferentes historias y experiencias, diferentes creencias. Todos tenemos diferentes pasados y diferentes vidas anteriores y lecciones muy diferentes.

Yo sigo estando en búsqueda continua hacia aquello que me lleve a mi misión. Porque todo lo que nos lleva a nuestra misión debemos estar en constante estado de búsqueda, <u>no es algo que sucede en una noche</u>. Pero si te puedo decir es que sigas a la intuición de tu corazón. Tu corazón es una brújula y sabe dónde está el camino que debes tomar.

Una de las formas más sencillas de saber si estás conectado/a con tu propósito es haciendo estas preguntas:

Lo que estás haciendo ¿Te hace feliz?

¿Te levantas todos los días con emoción?

O quizás vives con la vibración baja, deprimido/a o te preocupa el futuro. Porque si es así, déjame decirte que no estás en tu propósito. Tu propósito o misión de vida es algo que te hace feliz todos los días de tu vida.

<u>Cada día de tu vida tienes que despertarte con la certeza de que estás haciendo exactamente lo que debes estar haciendo y que con tu evolución, cambio, transformación</u>

y crecimiento estás llevando a todas las personas de tu alrededor contigo. **Estás permitiendo crecer tú y a la vez crezcamos todos**.

Estoy con un grupo de personas maravillosas de la mano de nuestro mentor para llevar a cabo una misión principal que es la de mostrar a toda la humanidad nuestro crecimiento y expansión. Todo nuestro entorno está cambiando y cuando estos libros estén en manos de todo el mundo habrá una conciencia colectiva impresionante. Pero primero tienes que empezar por ti. Hoy estás leyendo esto y esto es lo que hará que tu conciencia se eleve.

Tu alma, tu espíritu, tu mente subconsciente susurra, jamás gritan. Si prestas atención en tu interior ya tendrás tu respuesta. Ya sabes exactamente para qué viniste al mundo, ya sabes cuál es la misión de tu vida, ya recuerdas qué eres y ahora sabes qué es exactamente lo que deberías estar haciendo con tu tiempo.

> "Declaro mi independencia. Todas las respuestas que necesito están dentro de mí. Ahora confío en mi propia sabiduría interior. Confío en mí para tomar las mejores decisiones en todo lo que haga".
>
> **Louise L. Hay.**

Pero existe algo más que ese susurro que se escucha más fuerte y es el MIEDO, esa parte del ego que no deja escuchar a los susurros del alma y espíritu, para protegerse así mismo.

Pero ¿Sabes qué? **Las mejores cosas, las mejores bendiciones y todo lo que bueno está detrás de ese MIEDO.**

Debes reflexionar y escuchar los susurros atentamente y que sabe que es lo que deberías estar haciendo y expandiendo a la humanidad. Sabe cuál es tu misión y tan sólo por ser una ESTRELLA VALIENTE y escuchar a los susurros es suficiente para entender cuál es tu camino. Y cuando lo hagas debes tomar acción inmediata.

Y algo que debes comprender es que no tienes que saberlo todo, no tienes que saber los resultados de esa misión y no tienes que saber exactamente cuál es el camino que debes tomar. Tan solo debes saber qué es lo que tienes que hacer en primer lugar, con saberlo ya tienes más que la mayoría de la humanidad en este planeta.

Lo único que debes hacer es *EMPEZAR.*

Haz, haz, haz...comienza a hacer. El miedo te acompañará, evidentemente, pero debes ser una gran ESTRELLA VALIENTE para elegir el camino del corazón, el de tu misión, opta por escuchar el susurro del alma y espíritu y aunque aún no se escuche clara y sea confusa tienes que ser VALIENTE y no escuchar a personas ajenas, a esas personas que no confían en lo que tu alma y espíritu susurra. Debes seguir el camino que dicta tu corazón y no lo que todos están tomando.

> *"Confiar en ti mismo no garantiza el éxito, pero no hacerlo garantiza el fracaso".*
>
> **Albert Bandaura.**

Tan sólo, lo único que tienes que hacer es EMPEZAR.
HAZLO Y SI TIENES MIEDO HAZLO CON MIEDO

EL DESPERTAR Y EL PROPÓSITO

SI YO HUBIERA SABIDO...

Si hubiera sabido que yo misma lo había planeado todo, me habría dado cuenta de que tenían un gran propósito para mí. Saberlo, habría aliviado gran parte de mi sufrimiento. Y si, además, hubiera sabido los "por qué", podría haber aprendido conscientemente las lecciones y aprendizajes que había detrás de ellos. Hubiese cambiado el dolor, la ira, el miedo, la culpabilidad, la victimización y la autocompasión por sentimientos y emociones dirigidas enfocadas al crecimiento. Si hubiera sabido...entonces no estaría escribiendo estas palabras.

Si hubiera sabido todo esto no tendría razón de existir.

Vivimos para experimentar sin saber nada, de eso se trata. No podemos venir sabiéndolo todo. Doy las gracias por todo lo que he aprendido y lo que aún está por aprender. Doy gracias a cada uno de los desafíos y obstáculos que he pasado, porque sin ellos no sería quien soy a día de hoy.

Puesto que personas de todo el mundo están despertando con esta nueva era de apertura, es muy importante que comprendamos todo lo que se refiere a los planes prenatales de este despertar.

Puede que en las primeras etapas te sientas perdido/a o confundido/a, y quizás no sepas qué hacer con la experiencia. Incluso después de que el despertar llegue a ti y lo hayas comprendido, no sepas qué sigue, qué hacer después. Cómo utilizar de la mejor manera esa nueva conciencia adquirida.

Esto puede ser nuevo para la mayoría de las personas que leáis estos libros. Puede ser inquietante con esta nueva visión, esta nueva perspectiva. El despertar espiritual no siempre es agradable porque nos hace salir de nuestra zona de confort.

"Quizás lo que temes no es empezar con lo nuevo, sino poner punto y final a lo de siempre".

Rafael Vidac.

Ya te conté como fue mi despertar espiritual en TU DON, pero quiero hacer un inciso sobre ello; es que cuando entré en el camino de la espiritualidad verdadera no fue cuando conocí la espiritualidad, sino cuando la apliqué.

Después de tantos años dando tumbos sin rumbo, sin sentido, me adentré al mundo espiritual con el Reiki a través de mi maestra que me enseñó todo sobre el Reiki y mucho más. Pero a pesar de que me esforzaba, y tenía mis éxitos, no lograba sentirme plena.

Esto sucedía porque tenía mucho aún por trabajar. Pedía mucho, visualizaba, meditaba pero no tomaba acción. Y es cuando empecé después de mucho tiempo, logré dar con la clave de todo este embrollo; empecé a indagar mi mente y las leyes universales.

A raíz de ahí mi vida dio un gran giro y es cuando puedo decir que ha sido mi despertar espiritual. Y ¿sabes por qué? Porque descubrí cuál era mi propósito de vida.

Conocer la espiritualidad no quiere decir que sea tu despertar.

Cuando estás en medio de todos estos cambios, empiezas a desencajar con los viejos moldes de tu vida. El trabajo, las relaciones y otros aspectos de tu vida pueden desvanecerse. De hecho, si no hay cambios importantes en esos aspectos es que no has tenido el despertar. Es como si un puzle lo construyes y de repente te dan otro paisaje con las mismas piezas. Probablemente, sobren o falten nuevas piezas para completar el puzle nuevo.

Quizás te sientas solo/a, inadaptado/a, la oveja negra, el raro o la rara y no sepas bien por donde vas ni que hacer. Incluso, en ocasiones, te preguntes: ¿Qué estoy haciendo? Además puede que las personas que te rodeaban te hagan ver otras cosas, te hagan dudar.

Si te está ocurriendo esto, es que estás en el camino correcto, estás en tu camino, no estás perdiendo el juicio, no estás loco/a, y que eres una estrella enormemente valiente por emprender este viaje interior.

"¿Qué sería de la vida si no tuviéramos el valor de intentar algo nuevo?"

Vincent Van Gogh.

Son los demás los que están perdiendo el juicio, con esas normas absurdas y rígidas impuestas por unos pocos, con creencias que te limitan, esos que juzgan entre el bien y el mal.

Tú te estás liberando de todo ésto. Ten fe. Todos estamos despertando en esta era y no estás sólo/a. Tus guías, ángeles, arcángeles, el Universo o Dios y todos los seres de luz te acompañan en tu caminar. Ellos tratarán de recordarte de tu verdadera esencia natural, angelical y libre. Estás aquí para experimentar todo lo que tú desees por naturaleza humana y para ayudar a la humanidad y expandir nuevos horizontes. Lo que estás haciendo es entrar dentro de ti y liberarte de todos esos juicios que tú mismo/a te creaste. Eres un ser de luz puro y divino. **Una estrella valiente**. Céntrate en esa luz interna y ese amor puro que hay en ti y verás como el dolor, la soledad y el sufrimiento disminuyen hasta que brilles intensamente y te reencuentras con otras almas que brillan con su propia luz igual que tú y harás que brillen más intensamente.

Un despertar significa que te vuelves más consciente de tu alma, de tu Yo Superior, del Universo, de la Fuente, de tu esencia divina. Te das cuenta que hay más que un cuerpo físico y una personalidad. Eres consciente que trasciende de lo visible y te sientes guiado por esa conciencia Superior.

Los despertares espirituales pueden producirse de varias maneras. Algunas personas sienten el anhelo de su alma y acuden a su llamado. Otras experimentan cambios en sus experiencias, que les lleva a dar un salto cuántico. Pero sea como sea, el despertar espiritual nos libera del pasado para crear nuevos patrones y moldes que harán que la vida se transforme en aquello que has venido a ser.

Hay una fuerza superior en el Universo que desea guiarte para que logres paz y plenitud en tu vida.

El despertar espiritual es un proceso continuo, no es una situación única. Es un empezar, un punto inicial hacía un camino de plenitud, pero es un recorrido. No se acaba cuando lo descubres. Sino que es el principio del comienzo.

"La conciencia espiritual se desarrolla cuando eres flexible, espontáneo, desapegado y amable con los demás".

Deepak Chopra.

En esta época en la que vivimos existe una necesidad de despertar espiritual, más potente que nunca. La evolución ha llegado a un punto culminante y decisivo. La humanidad debe elegir otras opciones para equilibrar la armonía. Muchos seres ya están percibiendo esta necesidad de cambio en sus vidas. Es una llamada de sus anhelos del alma respecto a su misión de vida. Ya no satisface tener trabajos por dinero ni oportunidades de oro sin sentido. Hay algo más profundo que empieza a salir a la luz y hace que nos preguntemos la razón de nuestra existencia. Ahora existe una fuerza que marca otra dirección.

Infinidad de personas por todo el mundo anhelan contactar con su misión de vida. Este anhelo está creando conciencia colectiva en la humanidad.

La humanidad está abriéndose a una visión nueva de liderazgo y de poder, donde la energía femenina está en esa integración y es muy esencial para que esto ocurra. Se está dando paso a la energía femenina para restituir la vieja energía masculina, lentamente.

Los seres humanos nos vamos vinculando más con nuestros semejantes y con el resto de los demás seres. Es una integración que cuida más el planeta. Dado a la fácil comunicación de información que existe, se está creando sentido de unidad y armonía, y una interconexión muy especial entre los seres humanos y la vida en el Tierra en general.

DESPERTAR Y PROPÓSITO

Muchas personas me preguntan cómo pueden encontrar su misión de vida. La mayoría de ellas se sienten perdidas y me dicen que se han pasado toda una vida intentando encontrarla sin resultado alguno.

Yo me he sentido así casi cuarenta años de mi vida. En todos los trabajos que he tenido a lo largo de mi vida siempre he sentido que no era mi lugar, pero que debía estar allí por alguna razón. Todos ellos me han conducido a mi misión. Hasta que mi despertar mi ha traído hasta mi actual trabajo.

Pero pienso cómo podría ayudar más y lanzo unas preguntas al Universo:

- ¿Cómo puedo ayudar a las personas que se sienten así?

- ¿Qué consejos necesitan saber para encontrar su misión de vida?

- ¿Qué relación hay entre el despertar espiritual y el propósito de vida?

Esto me lleva a las siguientes respuestas del Universo, a través de mi guía espiritual:

Experimentar ese vacío intentando encontrar el propósito no es más que una desconexión con el alma. Se ha perdido el contacto con ella. También sucede que cuando nos desconectamos con ella, nuestro Espíritu también se ve afectado ya que es él el que está con continuo contacto con el Yo Superior. Esto significa que tampoco estará en conexión con nuestra esencia pura y divina. Por eso no encontramos ese don o talento único que nos hará completar nuestra misión.

Por otro lado, también significa que se está buscando un verdadero significado que va más allá de lo material. Un ser está despierto justo cuando experimenta esta fase, la de falta de propósito porque se da cuenta de esa desconexión.

Está escuchando el anhelo del Alma y la elevación del Espíritu.

Tienes que ser consciente que cuando sientes esa falta de propósito es porque estás llamando a tu alma para que se conecte a ti. Tu llamada será respondida, pero debes tener fe y confiar en todo el proceso. Es en esta parte donde normalmente nos podemos bloquear, porque esperamos los resultados inmediatos. Y si no es así, la mente empieza a atraer pensamientos negativos que harán demorar todo el proceso.

Para que el alma acuda a la llamada antes tienen que pasar varias cosas. Debes abrirte a las intuiciones, guías, mensajes que te llegan, estar atento/a a las señales, liberarte de pensamientos negativos e ideas mentales, hábitos emocionales e insanos, como los enfados, la ira, la preocupación, sobre todo en aquellos que se han convertido en costumbres muy arraigadas.

Una persona se transforma con la conexión con su alma, mente y espíritu.

Dejar que esta transformación y que esa conexión entre a tu vida, puede hacerte sentir confusión, inseguridad e incluso asustarte. No es negativo sentirte así, al contrario, es un indicativo de que vas por el camino correcto. **Estás permitiendo que se produzca el cambio.**

"No es la especie más fuerte la que sobrevive, ni la más inteligente, sino la que responde mejor el cambio".

Charles Darwin.

Posiblemente, cuando pase un tiempo sientas otras necesidades, como querer dejar el trabajo, porque no sientas satisfacción o con una relación. Quizás tus deseos sean de escapar o salir corriendo sin saber ni cómo ni que hacer. Sé consecuente con esos sentimientos y confía en el Universo, él te dará la solución. No necesitas hacer algo en estos momentos. Solo deja que el cambio se realice en tu interior. Cuando lo hagas atraerás a ti todo lo que has mandado desde tu interior, lo verás reflejado en tu exterior.

A veces solo necesitas que todo vuelva a su lugar...

Encontrar tu propósito de vida y conectar con él es tu despertar espiritual. Ya que este propósito te conectará con tu alma, siempre y cuando conectes con ese don o talento único que estará conectado a tu propósito con un sentimiento de alegría y felicidad, así es como estarás conectado/a a los anhelos de tu alma.

Siempre obtuve trabajos que no le decían nada a mi alma, trabajos que tan sólo iba a ganarme la vida y algunos de ellos ni eso porque realmente ganaba muy poco. Y entonces yo me pregunto ¿Esto es parte de mis acuerdos prenatales? ¿Lo pacté?

Por supuesto que sí. Si te haces estas preguntas tú también debes saber que realmente lo que sucede es que buscabas significado. A veces tenemos que experimentar esa falta de significado para poder abrirnos a las percepciones.

Desde que eres niño/a te están inculcando unas creencias, ideas, hábitos que en cierto modo afectaron a tu alma. Durante mucho tiempo comparamos esas ideas con todo lo que te sucede en la realidad y tratamos de interponer esas ideas a pesar de los anhelos que tenga nuestra alma.

La idea preconcebida de la mente por las creencias, hábitos, ideas inculcadas y adquiridas año tras año, hace que crees una versión de ti no real. Cuando conectas con tu verdadero ser a través de tu alma, expandiendo tu espíritu y dialogando con tu mente para llevaros bien, lo que estás haciendo que creas la auténtica realidad de tu ser y lo plasmas en la materia.

Empiezas a crear tu esencia pura aquí en la Tierra.

Por ejemplo si tú eres una persona que tienes sobrepeso o que no tienes dinero, no eres feliz con las relaciones o cualquier otra circunstancia que no desees, sencillamente es porque estás desconectado/a a esas tres áreas que te he mencionado: Mente, Alma y Espíritu.

Esto suele ocurrir porque eliges vivir estas experiencias para volver recordar quien eres. Esto está relacionado con tu propósito, ya que para conectarte con él debes surgir estos tres aspectos en comunión y unión entre ellos.

Es decir, para que me entiendas; debes tener una buena comunicación con tu mente, conectarte con tu alma y expandir tu espíritu más allá de la Tierra, para estar completamente alineado/a con tu propósito y así completar tu misión de vida.

Cuando estás experimentando durante tu vida lo que estás haciendo es ir pelando capa por capa de una cebolla hasta que llegas al núcleo de ella, donde logras estar en esa comunión y alineación con tu misión. Y así creas tu despertar espiritual.

Nacer en la familia que naciste, tener todo lo que tenías, el trabajo, las relaciones la salud, todo, absolutamente todo, estaba en tu plan de vida.

ESCRIBIR O HABLAR SOBRE MÍ

Escribiendo esta trilogía he somatizado varios síntomas relacionados con el miedo y he tenido muchas resistencias. Todo es debido a lo que mi mente ha reaccionado ante este gran desafío en mi vida.

La exposición de mi historia personal es algo que jamás había hecho, aunque si la había contado a amigas y personas que me podían ayudar en esas experiencias. Entre otras cosas, el sentirme vulnerable a las críticas, juicios, comentarios, era lo que me causaba ese miedo para exponer mi historia.

Pero me he dado cuenta que esos juicios y críticas solo están en mí, ya que mi vida la he pactado yo, con todas las lecciones que necesitaba aprender y todo lo que sucedió es para estar donde estoy ahora.

No sería quien soy ahora.

Por tanto, no tengo nada de que arrepentirme o avergonzarme. Durante mucho tiempo he estado torturándome porque no me había perdonado cosas que se supone que hice, pero en realidad todo estaba planeado y era mi aprendizaje. Hoy en día puedo contarlo, y además debo hacerlo para poder ayudar a miles de personas que hayan pasado por esta situación.

<u>Así que mi misión de vida tiene que ver con escribir o hablar de mí para que otras personas entiendan todo lo aprendido y puedan ser felices</u>. **Transmitir la sabiduría conlleva a exponer la parte más personal de tu vida.**

La vulnerabilidad tiene un gran poder de sanación, tiene un valor incalculable y es de almas valientes. Desnudarte significa ser honesto/a. Y el liberarte de experiencias de la infancia, juventud, adolescencia o incluso de adulto puede producir unos efectos muy potentes para tu evolución en la conciencia. Encontrar tu propio camino requiere tomar mucho tiempo y aprender de lecciones muy grandes.

> *"Solo desnudando tu alma por completo...*
> *encontrarás la vestimenta de tus interrogantes".*
>
> **Diego López.**

Durante el camino descubres cosas increíbles y que te resultan muy valiosas para tu crecimiento. Debido al sufrimiento que padeciste, desarrollaste un sentido muy profundo de compasión y sabiduría espiritual.

Todo este tiempo de espera te ha servido para madurar y te ha convertido en una persona más sabia. Eres el maestro o la maestra de tu vida anterior y posterior a tu despertar. No son experiencias separadas, forman parte del mismo plan. No debes sentirte como dos vidas distintas, sino como un ser que ha elevado la conciencia y ha transformado su vida. Todas estas experiencias pasadas te ayudaron a ser más consciente de tu verdadera naturaleza.

Tener un cuerpo saludable, abundancia, relaciones extraordinarias, todo esto es tu verdadera naturaleza. Como vimos en el anterior libro, CONCIENCIA SUPERIOR, eres un ser extraordinariamente increíble con una esencia pura, solo que elegiste venir a la Tierra para experimentar otras cosas que no podías como esencia pura. Al principio de este libro te he explicado cómo fue esa transición.

Cada uno de tus pasos, incluidos aquellos que percibes como erróneos, has llevado a cabo una conexión o diálogo con la fuente, con tus guías, Dios y todo aquél que te acompaña. <u>Estabas siendo guiado/a mientras que pensabas que estabas perdido/a</u>.

Y esta es la deducción que he sacado durante mi escritura:

Estoy enseñando aquello que más necesito aprender y expongo mis mayores desafíos para encontrarme con mis mayores bendiciones.

Así que querida estrella valiente, decide qué harás con todo eso que sabes por tus experiencias y con todos los desafíos que tuviste. Puedes guardarlos para siempre o bien puedes ayudar a otras personas a superar aquello que tú superaste.

Todas las experiencias que viviste en que te sentías que eran muy dolorosas tenían su significado; las necesitabas para averiguar quién eres realmente.

El alma aprende por esas discrepancias que hay en la transición, es decir, cuando venimos a la Tierra, esa dualidad. Cuando exploras lo que no quieres, defines lo que si quieres. No conociste el despertar en esos momentos porque no tenías el impulso de hacerlo porque en ese momento no tenía ningún efecto en tus emociones. No fue una equivocación, todo tomó el camino y transcurso que tenía que tomar. Algunas cosas podían haber sido diferentes porque tenemos libre albedrío, pero tú necesitabas esas experiencias que viviste para llegar al punto en que te encuentras ahora.

DETRÁS DE UNA EXPERIENCIA PODEROSA SIEMPRE HAY UN CAMINO EN EL PASADO QUE TE LLEVA AL PUNTO ACTUAL.

Nuria Sala.

El pasado puede parecer vano si miras hacia atrás, pero en realidad es el eslabón desde el que te impulsas hacia una conciencia superior.

¿PLANEAMOS EL DESPERTAR?

La oportunidad del despertar está planeada, normalmente es así. Pero el momento exacto del despertar no es fijo ya que eso es parte del proceso de cada alma y de la personalidad que adquiere. También existe el libre albedrío en el despertar y en su momento, así que puedes decidir cuándo es el mejor momento para ti.

No obstante, todas las circunstancias que te han ocurrido es porque eran necesarias para tu evolución y si tu despertar ha sido en edad adulta, como en mi caso cerca de los cuarenta años, esto es porque estabas preparado/a justo en ese momento, para liberarte del pasado y sanar tu alma, atravesando el velo que te mantuvo atrapado/a tanto tiempo.

La razón por la esta oportunidad está planeada es porque tu alma quería dirigirse a la Tierra con su luz desde el corazón, sin importar todo lo que pudieras sufrir y pasar para llegar donde estás.

Querías saber cómo amarte a ti y a los demás, aprender de tus experiencias y compartir todo ese amor con otras personas siendo un maestro o una maestra de la vida.

"Despertar es recordar que fuiste creado por el amor y para el amor".

Desconocido.

Cuando estamos en edad adulta entre los treinta y cuarenta años de edad, suele ser una etapa de inflexión, reflexión, introspección y de descubrir el motivo real de tu existencia. Buscamos lo que es realmente importante para el cambio. Por esa razón, la probabilidad que exista un despertar espiritual es, indudablemente, entre esas edades.

Stan Lee creó su primer cómic de éxito, *Los Cuatro Fantásticos*, poco antes de cumplir sus 39 años en 1961. Los siguientes años fundó el legendario Universo de Marvel, convirtiendo a personajes como X-Men y Spider Man en ídolos estadounidenses.

Donald Fisher, a sus 40 años y sin ninguna experiencia en el comercio minorista, junto con su esposa, abrieron la primera tienda Gap en San Francisco en el año de 1969. Rápidamente la marca se puso de moda y actualmente es una de las empresas con mayores cadenas de ropa en el mundo.

Como ves, muchas personas consiguen encontrar su propósito o misión entre esas edades. Aunque puede ser también que suceda en otras edades. No es algo fijo, cada uno tiene su despertar, según sus experiencias y vivencias, en distintas edades.

Una vez sucede el despertar espiritual estás preparado/a para conectar con tu misión de vida. Para ello debes saber qué es exactamente tu propósito...

LEY DEL DHARMA

¿QUÉ ES TU PROPÓSITO O MISIÓN DE VIDA?

Dharma es una palabra escrita en sánscrito que significa *propósito de vida.*

El propósito o misión de vida es aquello con lo que te sientes realizado creando abundancia infinita en todos los aspectos de tu vida. Es para lo que viniste hacer aquí, **es tu razón de existir.**

Deepak Chopra en su libro *"Las 7 leyes espirituales del éxito"* nos habla de la ley del Dharma. Dicha ley dice que nos hemos manifestado en forma física, con cuerpo físico, para cumplir con nuestro propósito.

Según esta ley, cada ser tiene un talento único y una forma única de expresarlo. Existe algo que cada uno de nosotros puede hacer mejor que el resto de la humanidad; y que para cada talento único y para cada expresión única existen también unas necesidades únicas.

Cuando esas necesidades únicas corresponden a la expresión de la creación de nuestro talento único, es lo que hace que se forme la chispa que nos lleve a la abundancia. La expresión de nuestro talento único crea riqueza y abundancia ilimitada.

Si esta ley nos la hubiesen enseñado en el cole tendríamos una vida plena y abundante. Pero como bien sabes, hemos venido, elegido, planeado unas experiencias, familia, relaciones, trabajo y todo lo que ahora mismo estamos viviendo, desde antes de nacer.

Así que sabiendo que esta ley debe cumplirse, como las leyes universales, son leyes exactas y nunca fallan. Por tanto, vamos a ponerla en marcha e implantarla a nuestras vidas.

Chopra nos dice que esta ley tiene tres componentes:

El primero dice que cada uno de nosotros estamos aquí para descubrir nuestro Yo Superior o Yo Espiritual. Debemos descubrir por nuestra cuenta que dentro de nosotros se encierra un dios o una diosa creador/a.

El segundo dice que todos tenemos un don o talento único y su expresión. Que solo tú tienes ese don tan peculiar o esa expresión de ese talento, que no existe otro ser con el mismo talento o expresión de ese talento.

El tercero dice que tenemos que poner ese talento al servicio de la humanidad: servir al prójimo y preguntarnos: "¿Cómo puedo ayudar a todos aquellos con los que entro en contacto?"

Si sumamos los tres componentes no hay nada que frene la entrada a la abundancia ilimitada.

Si te preguntas: *"¿Qué gano yo con todo esto?"* Esta pregunta no proviene de tu Yo Superior ni de tu alma, esta pregunta proviene del ego. Si preguntas: *"¿Cómo puedo yo ayudar?"* Esta pregunta proviene del espíritu, de esa conexión con tu Yo Superior. Y el Espíritu es lo que lleva a nuestra conciencia elevarse al siguiente nivel.

Tan sólo con cambiar el diálogo interno, cambiando las preguntas estás dejando entrar la conciencia del espíritu. Además de practicar la mediación es algo tan simple como cambiar el diálogo que te haces interiormente.

> *"Cuando un guerrero aprende a detener el diálogo interno, todo es posible; los más rebuscados planes están al alcance de la mano".*
>
> **Carlos Castañeda.**

Pero evidentemente, <u>si quieres completar tu propósito y llevar a cabo la Ley del Dharma debes comprometerte a buscar tu Yo Superior, que está más allá de tu ego, llevándolo a la práctica espiritual. También debes comprometerte a encontrar tu don o talento único, disfrutando del proceso, porque es así como entras en el conocimiento intemporal, el conocimiento de tu alma respecto a ese talento. Y otro compromiso que debes llevar a cabo es preguntarte a ti mismo como puedes ayudar a la humanidad.</u> Cuando tengas la respuesta deberás ponerla a la práctica, tomando acción, aplicando tus talentos para servir las necesidades de los demás.

¿Me sigues?

Fácil ¿verdad?

Vamos a ponerlo en práctica...

Coge un papel y haz una lista de estas dos preguntas:

- Suponiendo que no tuvieras ningún problema de dinero y que dispusieras de todo el tiempo y el dinero del mundo, ¿qué harías?

  ....

  ....

  ¿Harías lo mismo que estás haciendo en este momento?

  ....

Si has contestado que sí estás en el Dharma, en tu propósito. Y si es así podrías pasar a la siguiente pregunta:

- ¿Cómo puedo ayudar a la humanidad?

  ....

  ....

No te preocupes si no te sale nada, sólo anota lo primero que te venga a la cabeza. Y si tu respuesta anterior fue No, tampoco debes tomarlo como algo negativo. La mayoría de las personas no están en el Dharma y es por eso que no encuentran sentido a su vida. Pero en este libro te voy a explicar la manera de conseguirlo.

Verás como con la práctica consciente de la meditación, conexión, comunicación y acción te llevarán a tener los resultados que deseas.

<u>Empezarás a ver tu vida como una expresión milagrosa todo el tiempo y a sentir la verdadera alegría y felicidad plena que te mereces. Conocerás el verdadero significado del éxito, que no es más que el éxtasis de alegría y la elevación de tu propio espíritu.</u>

Todos los seres de este planeta tenemos una misión aquí, vinimos a eso. Incluso los animales, insectos o todo tipo de especies de fauna y flora. Todo ser vivo tiene una misión.

> *"Tenemos algo en común, y ese algo en común es nuestra misión en la vida. Seguramente una misión del bien, una misión de la cultura de la vida, y no una misión de la guerra".*
>
> **Rigoberta Menchú.**

Leyendo un artículo sobre las hormigas he descubierto que ellas, hace miles de años, inventaron la agricultura. Aunque el ser humano se haya atribuido ese descubrimiento en realidad fueron las hormigas quienes lo hicieron.

Según un estudio publicado en *Proceedings of the National Academy of Sciences*, las hormigas han estado **cultivando hongos desde hace unos 60 millones de años.** Y además de ello, a raíz del riesgo que conlleva este cultivo desarrollando parásitos que podían extinguir las colonias de hormigas, algunas de ellas llevan una especie de "traje" que les protegen de esos parásitos, formando un fantástico antibiótico natural.

Como ves, las hormigas tienen una misión importante pero además de dicha misión tienen diferentes funciones dentro de la colonia.

Las hormigas dividen el trabajo entre dos grupos principales: las hormigas reinas, responsables de la reproducción, y las obreras, que suponen la mayoría de la población de una colonia.

Cada una de ellas tiene una misión y un talento único, además de una forma de expresarlo única. Cada una de ellas hace su labor de manera única y siempre existe una necesidad única que requiere dicha labor única.

Igual que las hormigas, los humanos tenemos una función específica para servir al prójimo.

Pero ¿Cuál es esa función específica?

¿CUÁL ES MI MISIÓN?

Lo primero que debes hacer para saber cuál es tu misión de vida es *dejar ir*. Debes soltar el pasado y centrarte en el presente. Aprende a vivir en el presente. Deja de tener las preocupaciones, eso es tener la mente en el pasado y empieza a vivir en el presente.

Vivir en el presente es vivir como un niño, con un gozo y felicidad incalculable. Y saber que este proceso es el momento perfecto. No puedes hacer algo diferente. Lo que estás viviendo hoy, sea lo que sea, es perfecto y es justo lo que tenías que hacer. Es lo que más necesitas.

A veces creemos que lo que estamos viviendo es porque estamos en desarmonía con el Universo, o porque el Universo se le ha olvidado que existimos, porque no sentimos la guía, la ayuda en algunas etapas de nuestra vida. Y esto es totalmente falso. Todo el día estamos acompañados por nuestros guías, por Dios, por el Universo y todos los seres de luz.

Siempre estás siendo guiado.

Todo lo que estás viviendo en estos momentos, es lo que debes vivir en estos momentos;

1.- Porque lo elegiste así.

2.- Porque te llevará a tu misión de vida.

Así que todo es perfecto, acéptalo tal y como es.

DEJA IR TU PASADO Y ACEPTA TU PRESENTE.

> *"El momento presente es el único que tienes. No hay un momento en tu vida que no sea ESTE MOMENTO".*
>
> **Eckhart Tolle.**

Lo segundo que debes hacer es **ALIMENTAR TU MENTE**. Llénala de sabiduría y aprendizaje. Entrénala con libros, documéntate y aprende. Busca información que eleve tu vibración. Serán recursos que vas a necesitar para tu camino hacia tu misión de vida.

Pero sobretodo disfruta del proceso, porque el Universo trabaja a mucha velocidad cuando estás divirtiéndote.

La mayoría de los procesos los pasamos sufriendo o con muchas resistencias, pasándolo mal y como ya hablamos, en este planeta, aquí en la Tierra está lleno de discrepancias, es decir, de dualidad. Por tanto, en los procesos podemos elegir sufrir o divertirte, porque tendrás las dos opciones. Pero sabiendo que el Universo es más rápido cuando estás disfrutando, ya sabes cómo pasar este proceso, este camino, ¿No?

Para lograr estar en sintonía con tu misión, debes ser un maestro de aquello que disfrutas. Enseña a hacer aquello que se te dé bien y disfrutes haciéndolo.

Cada día estamos expandiendo nuestra vibración, nuestras emociones, nuestros pensamientos y cuanta más información estés adquiriendo en tu día a día más herramientas vas a tener para crear tu vida. Tendrás más vibración, más energía para crear tu mundo.

Porque siempre estás creando.

Entonces cuando te formas y entrenas a tu mente estás creando un mundo de gozo, el mundo que va a ser diferente al de antes. **Estás creando a un formador de nuevas experiencias y de nuevos resultados.** Y cuando te vuelves un maestro, disfrutando del camino y expandiendo a la humanidad tu conocimiento, llega la felicidad y la abundancia a tu vida.

> *"Disfruta del proceso. El camino es más interesante que el destino final".*
>
> **Francisco García Paramés.**

Es muy importante la conexión directa con el Universo porque te guiará en todo momento. Te vendrá inspiración, chispazos, palpitaciones, intuición y entonces tú tomas acción sobre ello.

Pero para entrar con más profundidad a estas conversaciones o intercambios de información, debes entrar en **MEDITACIÓN**, debes crear **SILENCIO**. El silencio es como un vacío mental donde entra información. A veces entra mucha información que no es la que necesitas. Déjala marchar, no la retengas y espera recibir nueva información y quédate con la que si te es de utilidad.

Y cuanto más lo practiques más vas a adquirir este hábito y mejor entrarás en sintonía y más te va a gustar.

> *Se trata simplemente de sentarse silenciosamente, observando los pensamientos pasando a través de ti. Simplemente observando, no interfiriendo, no juzgando, porque en el momento que juzgas, has perdido la pura observación. El momento en que dices "esto es bueno, esto es malo", has saltado en el proceso de pensamiento.*
>
> **Osho.**

Otro punto clave para saber cuál es tu misión de vida es que debes **DESHECHAR CUALQUIER SENTIMIENTO DE SOLEDAD.** Este sentimiento nos aísla y nos hace salir del enfoque que debemos centrar en ir hacia nuestro camino de misión de vida.

No estamos solos, nunca lo hemos estado y nunca lo estaremos. Entrega ese sentimiento de ausencia al Universo porque él te lo restablezca.

Cuando entras en meditación y te conectas con el Universo, vas a notar esa compañía, vas a saber que no estás solo/a, y que además, no solo te acompañan sino que te protegen, ayudan y cobijan cuando más lo necesitas.

Por eso para llegar a la misión tienes que seguir esta secuencia. Desde dejar todo aquello que no quieres, del drama o negatividad, hasta la soledad, las personas que te hirieron. Aprende a disfrutar como un niño.

Vive el presente todos los días.

Busca cada día elevar tu vibración al máximo, busca aquello que te haga sentir feliz y vivo/a. Recuerda y repasa lo que vimos en "TU DON, el poder de sanar tu vida" cuando practicamos la vibración.

Observa bien cuando hagas todas estas cosas que te hacen feliz y fíjate bien que siempre tiene que ver con los demás; compartir algo con los demás, enseñar algo a los demás, disfrutar con los demás, compartir quien eres con los demás. **<u>Tu misión de vida siempre tiene que ver con los demás</u>**. Nunca será solo para ti.

Entonces entramos en meditación; guardamos silencio. En realidad solo tenemos que recordar, se nos ha olvidado hacerlo pero con la práctica lo vamos a recordar. Pero si cierras los ojos, sientes que te guía, que te llevan de la mano. Te dicen como elevar más tu vibración o como hacer bien tu meditación para meterte más en el silencio, más profunda. Realmente, siempre te están acompañando por eso siempre te dicen que te alejes de cualquier sentimiento de soledad, deja ir esa ausencia.

Por eso es que si en las meditaciones no encuentras respuesta a todo lo que te está pasando o lo que necesitas saber para tu misión, es porque te estás enfocando en la *ausencia de (...)*. Te estás enfocando en lo que no quieres, estás atrayendo más ausencia de aquello que no deseas. Lo único que te dicen es "**permíteme guiarte**", deja de controlar, sólo concéntrate en tu respiración.

> *"Mi soledad no depende de la presencia o ausencia de gente...odio a quien roba mi soledad sin, a cambio, ofrecerme verdadera compañía".*
>
> **Friedrich Nietzsche.**

Y entonces vas a recibir inspiración, respuestas, un flujo de información, algo que te diga "ya sé cuál es mi camino, ya sé hacia donde ir".

Todos encontramos maneras diferentes de entrar en contacto con el Universo o Dios. Cada uno encuentra la manera donde se siente más cómodo/a y preparado/a para recibir información. **Todos somos un canal**, sólo tienes que encontrar la manera que te venga mejor. Todos entramos en meditación.

Pero siempre, sea cual sea la manera tienes que ponerla en situación de *disponibilidad de (…)*. Esto es posicionarte en el <u>ARTE DE PERMITIR</u>. Permitir que la esencia del Universo entre a través de ti y te diga qué tienes que hacer y es por eso que debes guardar silencio y no hacer nada.

Cuando guardas silencio diariamente para permitir ese flujo de comunicación con el Universo, empiezas a aumentar tu **SENSIBILIDAD.** Es tu verdadera esencia. Eres un ser sensible y perceptivo y tu corazón empezará a expandirse. Empezarás a sentir más todas las energías y vibraciones de las personas, vas a sentir más energía del planeta. Sentirás más amor por todo aquello que te rodea y todo se convierte en más amor.

> *"No despreciéis la sensibilidad de nadie.*
> *La sensibilidad de cada cual es su genio".*
>
> **Charles Baudelaire.**

Tus sentimientos son el mayor guía que puedes tener en tu día a día. Ellos te guiarán hacia lo que deseas. Según la vibración que sientas, según esa energía que te atrae o te repela así harás.

Tan solo tienes que sacar el foco de atención hacia aquello que no te gusta cuando sientas esa energía negativa o que te repela y si te debes enfocar en aquella que si te gusta, te atrae o te sientes bien.

A veces parece que no tenga nada que ver con tu deseo de encontrar tu misión de vida. Puede ser un animal que te guste o algo bonito que te haga sentir bien, en paz y es en ese momento cuando lo que deseas puede entrar en ti, empiezas a recibir del Universo.

¿Me sigues?

Continuamos…

DESCUBRIENDO TU MISIÓN

TU TALENTO ÚNICO

Para descubrir tu misión de vida y saber cuál es tu lugar en el mundo tan solo tienes que seguir las *pistas*.

Puede que te sorprenda lo que te voy a decir pero tú propósito no tiene nada que ver con aquello en lo que seas talentoso o tengas un don, de hecho muchas personas que han logrado grandes cosas y han sido muy felices no nacieron con ese talento. <u>Realmente no son tus talentos, sino el deseo de tu alma lo que ella anhela.</u>

A lo largo de tu vida verás que se te dan bien muchas cosas, tendrás varios dones, varios talentos, pero realmente no es lo que desea tu alma. Existen unos talentos que tendrás como habilidades y que serán importantes en tu vida porque harán que crezcas y los complementarás con tu misión. Pero si no te enfocas hacia tu misión sentirás que algo falta en tu vida, pues dichos talentos no te llenarán dado que el anhelo de tu alma es mucho mayor y más fuerte que los deseos terrenales.

> *"No existe una manera fácil. No importa cuál talentoso seas, tu talento te va a fallar si no lo desarrollas. Si no estudias, si no trabajas duro, si no te dedicas a ser mejor cada día".*
>
> **Will Smith.**

De pequeña en el cole siempre tuve problemas para poder aprender todo lo que me estaban enseñando. No entendía nada de historia, sobre todo. Me costaba muchísimo estudiar y aprenderme todos los sucesos, las causas y consecuencias de guerras y demás. Siempre que la maestra me preguntaba me ponía muy nerviosa, no sabía contestar, me quedaba en blanco lo poquito que sabía y siempre suspendía.

Recuerdo cuando me preguntaba en un examen oral y justo ese tema lo había estudiado, me lo sabía, pero en el momento en que ella me preguntó me quedé bloqueada y solo pude decir una frase. Ella vio la intención de que yo sabía, que había estudiado, pero no pude decir nada más. Ahí me di cuenta de que había algo más detrás de esa timidez.

Ahora puedo explicar, dar clases y no solo preguntar, sino conocer el interior de cada persona qué es así realmente cómo puedes conocer a ese ser. He dado clases, charlas, talleres, cursos y ahora con estos libros estoy exponiéndome en conferencias, presentaciones y sobretodo puedo explicar sin quedarme en blanco. Sobre todo lo que yo he aprendido y aquí en este libro te lo enseño.

Mi propósito es más grande que los obstáculos.

La diferencia que hay entre los talentos o dones en general y tú propósito o misión de vida, es que tus talentos o dones son para ti y tú propósito es para ayudar a los demás, estar al servicio de la humanidad, y con él creas la abundancia que te mereces sirviendo a las demás personas a través de él.

Los talentos o dones en general, aquellos que se te dan bien hacer, harán que prosperes en tu misión de vida. Suelen ser trabajos que te agradan, que aprendes con facilidad y habilidad, te gusta y disfrutas. Ellos te ayudarán a conseguir estabilidad económica o te impulsarán a crecer en tu misión. <u>Los dones en general y tu misión son grandes amigos y compañeros, son capaces de ser compaginados y su unión es indispensable para tu labor.</u>

Pero a veces ocurre que, cuando encuentras tú propósito, debes dedicarte completamente a él con toda la energía del mundo y eso en la mayoría de personas no lo consigue porque no sigue el proceso. Tienes que sumergirte en él y cada vez que sueñas, **el sueño tiene que ser más grande**, obsesionarte con él e ir hacia ese sueño con todas tus fuerzas, haciéndolo más grande que tú mismo, hacer todas las cosas con menos tiempo, más esfuerzo y soportar presión en el momento de la transformación y seguir, seguir, seguir hasta lograrlo.

> *"El talento es más barato que la sal de mesa. Lo que separa el individuo talentoso del éxito es un montón de trabajo duro".*
>
> **Stephen King.**

Puede que te suene contradictorio por todo lo que te he contado anteriormente, pero es que a veces no tiene por qué estar detrás de un don innato, de un don particular. **Puede ser tu don único, pero a veces tu propósito o tu misión de vida puede ser que esté detrás de un gran desafío que te impulsará hacer el cambio ese despertar.** Y estás completamente seguro de que puedes cambiar el mundo y ayudar a muchas personas pero no debes de machacarte, sino darte permiso para descubrirlo.

En mi caso está detrás de mi talento único, la canalización a los guías espirituales, pero no es mi principal misión. Mi principal misión es que tú encuentres el poder de sanar tu vida, de canalizar, entender los mensajes del universo y conocer tu misión de vida, a través de mis grandes desafíos a ayudar a otras personas que hayan pasado por todo el dolor que yo he pasado, y enseñar a como transmutarlo y ser felices.

> *"El verdadero propósito de la vida es buscar la felicidad".*
>
> **Dalai Lama.**

Tú propósito siempre ha estado ahí esperando a que tú te decidieras. A veces ha podido ser por que no estabas en la apertura adecuada, te faltaba autoestima o algunos factores te impidieran verlo con claridad. Pero el universo te lo está poniendo ahora y ¿cómo lo hace? pues a través de los **deseos de tu alma**, con las experiencias del pasado, con aquellos dones que se te dan bien o mejor que otros.

La clave de todo esto, hacer tu propósito, es que puedas servir a la humanidad con tu misión. De nada te sirve descubrir tu propósito si no es para servir a los demás. Recuerda lo que te explicado de la ley del Dharma que la chispa de la abundancia aparece cuándo le encuentras tu talento y lo pones al servicio de la humanidad.

Ya sabes que todos formamos parte del universo y de un Todo. Partiendo de esa base, ya sabes cuál es tu misión, porque todos tenemos una labor en este mundo. Nacemos para mejorar nuestra labor y mejorar al universo y a todo su conjunto, para ayudarlos a crecer y evolucionar y ser mejores personas. Igual que las hormigas tienen su labor, todos tenemos nuestra misión.

Así pues, a través de tus deseos, tu naturaleza, tu don, las experiencias pasadas, todo ello te conducirá a tu propósito y gracias a él podrás ayudar a todo el mundo a mejorar a crecer el conjunto. Te permitirá traer a ti esa felicidad y esa abundancia, y cuánto mejor lo hagas o más partes ayudes de esa parte del universo de todo el conjunto, más felicidad y abundancia recibirás. <u>Y puede que te parezca magia pero realmente es parte del proceso en el que estás sumergido.</u>

Así que vamos a ver cómo podemos empezar con las primeras pistas:

La primera de ellas es lo que **te llama más la atención** que el resto de la familia o de las personas que te rodean. Piensa en tus intereses personales, qué te gusta cuándo vas a una librería, qué tipos de libros te llaman más la atención, de que te pedirían consejo otras personas, qué es lo que te causa alegría.

Siéntate en un sitio tranquilo, cierra los ojos y no cuestiones nada, simplemente respira profundamente y anota todo aquello que te va viniendo a la mente:

....

....

....

....

....

Segunda pista para encontrar tu propósito: Probablemente tú misión de vida esté **detrás de un gran desafío** que hayas superado.

Empecé a escribir estos libros después de un gran evento en el cual pude sanar mi alma a causa de algo que me estaba culpando durante muchos años, por lo que yo había hecho, tome la decisión más difícil de mi vida en aquella relación de abusos golpes maltratos y humillaciones cuando me quedé embarazada y decidí abortar. Estuve muchos años castigándome, culpabilizándome por aquello que hice. Cuando realmente descubrí la verdad, me liberé de todo ese dolor. Sané mi alma y pude avanzar y la verdad era que, ya estaba todo planificado y que mi hijo no nacido no tenía nada que perdonarme, era su misión, venir e irse, y yo me estuve castigando todo ese tiempo. Así que, en esa meditación, en aquel evento tan importante, pude sanar y liberar todo ese dolor que llevaba dentro tantos años. Esto me llevo a escribir esta saga y poder explicar al mundo que detrás de todo ese dolor hay siempre una bendición, y qué aprendí a amarme partir de esa experiencia mi don o talento único estaba detrás de esa aparente maldición.

Piensa en qué desafíos has superado tú. Qué experiencias únicas has tenido en la vida, qué has tenido que pasar, qué maldiciones has tenido que superar, qué te ha enseñado la vida, de qué entiendes, qué habilidades puedes tener y qué fortalezas aprendiste.

Vuelve a cerrar los ojos respirar profundamente y dejar que te venga toda esa información. Anota lo que te venga a la mente:

....

....

....

....

....

Tercera pista **sigue a tu naturaleza**.

Conozco una historia de un pájaro que quería ser pez. Desde las ramas de los árboles observaba a los peces en el río y siempre creía que un día él también pudiera zambullirse en el agua y nadar como ellos. Era tan fuerte su deseo que, obsesionado con su sueño, ni siquiera atendía a las demás advertencias de los demás pájaros que le decían: "*No pierdas el tiempo lo tuyo es volar, tú eres un pájaro y perteneces al aire*".

Desde la orilla del río imitaba lo que hacían los peces, tratando de aprender sus movimientos, cómo actuaban los peces. Pasó el tiempo y seguía empeñado en su absurda fantasía para convertirse en pez y aprender a nadar.

La primera vez que se lanzó al agua estuvo a punto de morir ahogado y a pesar de todos sus intentos, él seguía y seguía. Buscaba todas las maneras posibles. Empezó a aprender a guardar sus alas adherirlas al cuerpo, transformarlas en aletas, aprendió a estirar el cuello y su cuerpo hacia delante. Empezó a almacenar aire en su buche para llenar sus pulmones y sumergirse todo el tiempo que pudiera y empezó a mudar sus plumas y cambiarlas por las escamas. Hasta que, confundido con los demás peces, el pájaro empezó a transformarse en pez. Pero a pesar de sus esfuerzos el pájaro no dejaba de ser pájaro y tenía que ir saliendo del agua, tenía que ir entrando y saliendo, comportarse como un pájaro, extender sus alas, porque, sino se entumecían y sentía la necesidad de volar, tener una visión alta, respirar aire.

Entonces un día que volvió a intentar nadar entre las algas del río, un pez se le acercó y le confesó su sueño; quería ser pájaro. Entonces, ahí se dio cuenta el pájaro de que cada uno tiene su propia naturaleza e independientemente de algunos deseos, tenemos naturaleza propia.

Entonces el pájaro le contestó al pez: *"No pierdas el tiempo lo tuyo es nadar, tú eres un pez y perteneces al agua"*.

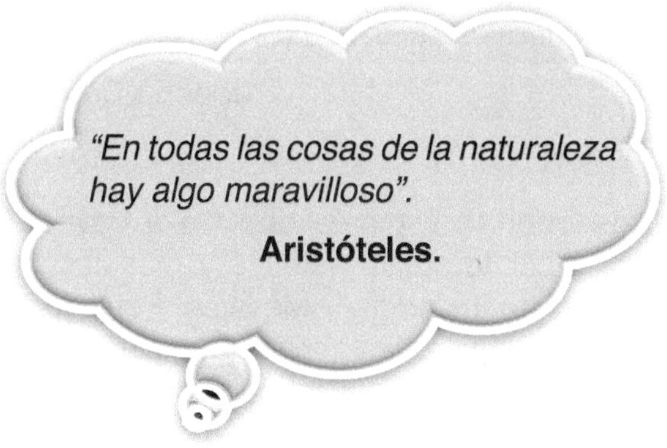

Muchas personas pretenden ir hacia un camino en el cual no es de su propia naturaleza. Personas que desean ser empresarios o grandes médicos, terapeutas, banqueros, tener la mejor pareja o simplemente ser otro tipo de personas que les hará más felices, pero están completamente equivocados.

La felicidad, la auténtica felicidad, te la va a dar cuando conozcas tu propósito o tu misión de vida. Nunca serás feliz si estás en el lugar que le corresponde a otro por naturaleza.

Todos tenemos una misión pero no todos podemos ser peces ni todos podemos ser pájaro, porque cada uno de ellos tiene su propia misión.

Sí naciste pájaro vuela, expándete, crece, aprende a volar alto y visualizar todo desde las alturas para tener una mejor visión. Si naciste pez lo mismo, crece, expándete, nada, procréate, sumérgete y aprende a nadar a contracorriente. Sé valiente, fuerte y resiste todas las turbulencias. Aprende a navegar y llevar el rumbo de tu vida y expande lo hacia los demás.

Esa es la clave de la felicidad.

"El objetivo de la vida es hacer que los latidos de tu corazón coincidan con el latido del Universo, para que tu naturaleza coincida con la Naturaleza".

Joseph Campbell.

Cuando descubrí la espiritualidad fue a través del Reiki empecé a hacer terapias, estética y masajes, monte mi propio Centro de Terapias y Masajes. Pero no funcionó. Quería ayudar a los demás pero estaba siendo pez en vez de pájaro. A pesar de tener mi negocio, mi propio negocio, y ayudar a muchas personas, no me sentía llena y tampoco recibía la abundancia que merecía. Pues me di cuenta que no estaba en mi propósito, no era mi misión estar en un centro de terapias y masajes.

Así que, como pájaro, empecé a volar a expandir mis alas y dirigirme hacia mi propósito de vida, que no es más que el desarrollo personal mezclado con la espiritualidad, expandir mis mensajes del universo y que tú logres tu propósito de vida.

A veces lo que sucede es que tomas decisiones por los demás, te aconsejan, se permiten opinar sobre ti, a lo que has venido a hacer. Entonces entras en un diálogo interno equivocado que te hace tomar decisiones que no están conectadas con lo que anhela tu alma.

No sé si te ha pasado a ti esto, pero muchas personas lo que les ocurre es que montan su vida, se casan, ven que no funciona, intentan arreglarlo, intentan tener hijos, porque eso creen que les dará la chispa que les falta y quizás momentáneamente sí que sean felices. Pero con el tiempo acaban en un bucle, en un pozo que es imposible salir de él, pero tú si puedes salir de él. Solo tienes que escuchar lo que tu corazón y tu alma te están guiando así que vamos a descubrir si eres pez o pájaro y luego nos vamos a poner manos a la obra.

Para descubrirlo pregúntate a ti mismo qué talentos crees que Dios te ha dado, qué es lo que te gustaría compartir con todo el mundo, en quien desearías convertirte, qué es lo que siempre estarías dispuesto a ofrecer y a aprender.

Vuelve otra vez a cerrar los ojos, a sentir las respuestas y anota las qué sientes.

....

....

....

....

Una vez que las tengas, prepara una lista de todos esos talentos que crees que puedas tener y pregúntate tiene algo que ver con las demás respuestas anteriores se repite alguna respuesta te resuena.

Una vez respondas a eso, vamos a pensar en los demás. En qué crees que puedes ayudar de alguna manera, en qué crees que puedes mejorar a ayudar a otras personas, qué problemas puedes solucionar a los demás.

Vuelve a cerrar los ojos, respirar profundamente y deja que toda la información fluya en ti y anota todo lo que te venga a la mente.

....

....

....

....

Cuarta pista, **tus carencias;** aquello a lo que viniste a entregar a dar al mundo es lo que más falta te hace.

Hasta ahora hemos hablado de los talentos o dones, pero y ¿si realmente tú propósito viniera de lo que más falta te hace, de tus carencias?

Yo desde pequeña he tenido muy poca autoestima, nadie me valoraba y siempre tenía malos tratos allí donde fuera. En el cole me hacían bullying, en mi casa, mi padre cuando se separó de mi madre, estaba irritado a causa del divorcio y mi pareja me maltrataba y abusaba de mí.

Curiosamente ahora estoy expandiendo el poder de sanar tu vida el poder de empoderarte de tomar las riendas de tu vida, de valorarte, de amarte, quererte, y es así como yo lo muestra el mundo ahora soy capaz de amarme, respetarme, quererme, valorarme y sobre todo empoderarme. Ser una mujer autosuficiente, capaz de triunfar en su propósito de vida qué es ayudar a los demás. <u>Aquello que me hacía tanta falta, es lo que estoy mostrando a la humanidad.</u>

El universo quiere que aquello en lo que tú eres más débil lo fortalezcas y lo hagas un propósito para poder ayudar a los demás.

Patricia es una chica que tuvo problemas para quedarse embarazada y por mucho que lo intentaba y utilizaba todas las técnicas posibles no lo lograba. Hasta que un día encontró un método que le funcionó y por fin pudo cumplir su sueño de ser madre. Ahora Patricia es profesional en Biodescodificación y fertilidad. Ayuda a otras mujeres a cumplir sus sueños y además en sus libros nos ayuda a poner en práctica esa metodología que a ella le funcionó.

Como ves, posiblemente tú misión este detrás de tu carencia. Así que, si quieres más dinero, ayuda a los demás a conseguir más dinero. Si necesitas subir tú autoestima, ayuda a los demás a amarse. Si necesitas conectarte con tu misión, ayuda a los demás a conectarse con la suya. Si necesitas más amor, ayuda a encontrar amor a los demás. Si te sientes perdido/a, ayuda a los demás a reencontrar su camino.

> *"La luz y el amor que tanto anhelas están detrás de cada desafío de tu vida y, cuantos más desafíos enfrentes, más bendiciones recibirás".*
>
> **Mabel Katz.**

Aprende todas las técnicas, métodos, lee muchos libros, infórmate sobre todo lo que estás trabajando en ti. Asiste a eventos, seminarios, conferencias. Cuanto más ayuda tengas, mucho más podrás ayudar a los demás y mucho más podrás ayudarte a ti también. Recuerda que tu propósito es ponerlo al servicio de la humanidad.

Cuándo haces todo esto, el universo te va a premiar y mucho mejor que de lo que piensas. **Detrás de esas carencias está tu mayor bendición. Empieza el juego, esta partida la gano yo**.

Este es tu lema. Acuérdate del juego qué estuviste haciendo en "TU DON", tienes que vencer a tu monstruo.

Enfréntate a tu monstruo de cara y véncelo. Vence al monstruo de la mente, vence monstruo del alma, aquel monstruo del pasado y vence el monstruo grande del ego.

Recuerda que venciendo a tu monstruo mayor vencerás tus miedos y te liberarás. Empezarás a ser el protagonista y el ganador del juego. Proclámate vencedor.

No te concentres en los monstruos, concéntrate en tus sueños, en tu misión, en tu propósito, y así vencerás a esos monstruos.

Posiblemente todos esos monstruos vengan en forma de miedos hacia algo del pasado, a tu escasez, a tu autoestima, a tu falta de comprensión, a una enfermedad, un divorcio, un maltrato, mal hábito, falta de trabajo. No importa cuál de ellos sea el disfraz que use tu monstruo, lo importante es que no sepas de ellos, sino que sepas mucho más sobre tus sueños.

Tus sueños deben prevalecer por encima de tus monstruos. Enfócate en lo que el universo y Dios te está dando amplifica esos sueños y disminuye tus monstruos.

"Naciste para ganar, pero para ser un ganador, debes planear para ganar, prepararte para ganar y esperar ganar".

Zig Ziglar.

Recuerdo cuando empecé a escribir el libro, empecé a somatizar como una urticaria por todo mi cuerpo. El picor era horroroso y me sentía fatal, perdí tiempo yendo al médico porque no me dieron ninguna solución, solo me dieron medicina, antihistamínicos, cortisona. El picor disminuyó, pero no se me iba la alergia si no tomaba con la medicina. Decidí investigar más y lo que hice fue profundizar más en la enfermedad. Pude saber que era somatización de miedos internos, pero lo que hice fue buscar y buscar más, y a atraer más y más alergia mi vida.

En el momento en que dejé de buscar información y centrarme más en mis sueños, en conseguir mis libros, en conseguir llegar a mis tiempos que me marcaba mi mentor, en conseguir mis logros, en visualizar, en verme en aquellos escenarios llenos de gente escuchando todo lo que yo tenía que exponer, viendo como todos mis libros se vendían y como todas las personas que leían esos libros eran transformadas de manera increíble, cuando deje de mirar a mis monstruos y me centre en mis sueños, la urticaria desapareció.

A mi familia y a mis amistades les dije que nunca más quería hablar de la urticaria que tenía. Así que, me centré en escribir, escribir y escribir y se fue.

No le des poder a ningún monstruo, no se lo merece. Así que contéstame a estas preguntas: ¿Qué es lo que más miedo te da en esta vida? ¿Qué es lo que harías si te quedará muy poco tiempo de vida?

Vuelve a cerrar los ojos y respira profundamente deja fluir las respuestas y anota lo que venga a tu mente:

....

....

....

....

....

....

TODOS TENEMOS UN LLAMADO, UN DESPERTAR. TU TRABAJO ES DESCUBRIR Y ENTENDER CUÁL ES TU MISIÓN, TU PROPÓSITO…

Y sé que soy muy pesada con las preguntas. ¡Soy preguntona! ¡Qué le vamos hacer! Siempre estuve indagando más allá de lo que sucedía a mi alrededor.

Mis mentores siempre me han dicho que preguntaba mucho, quizás parecía inseguridad, pero en realidad ellos sabían que era así como se aprendía. Siempre es mejor preguntar que no imaginar o deducir algo.

Los "*Ya lo sé*" hay que cambiarlos por "*¿Lo sé?*". Así que vuelve haber una pregunta.

Me encantaría que siguieras respondiendo, que brindaras al Universo la oportunidad de que a través de ti estas preguntas sean respondidas. Anótalas y repítelas diariamente hasta que encuentres tu propósito.

RESPONDE

¿Qué es lo que amas hacer?

¿Qué te causa alegría?

¿Qué tipos de libros llaman tu atención?

Cuando estás con un grupo, ¿Sobre qué temas hablas y el resto de personas escuchan atentas?

¿Qué clase de consejo te pedirían?

¿De qué manera crees que puedes ayudar a otros?

¿Con qué temas te sientes más cómodo/a?

¿Qué es lo que harías todo el día sin cansarte?

¿Qué cosas te apasionan?

¿Qué experiencias únicas has tenido?

¿Qué situaciones complicadas has resuelto?

¿Qué habilidades tienes?

¿Sobre qué tienes conocimientos?

¿Qué temas te resuenan más?

¿Qué te une con otras personas?

¿Qué te gustaría enseñar?

¿Tienes alguna carencia?

¿Qué es lo que te da más miedo en el mundo?

¿Qué harías si supieras que vas a morir en tres meses?

Suponiendo que no tuvieras problemas de dinero y que tuvieras de todo el tiempo y el dinero del mundo ¿Qué harías? ¿Harías lo mismo que estás haciendo actualmente?

Pregúntate: ¿En qué sentido estoy mejor capacitado/a para servir a la humanidad?

Como ya te he contado, probablemente te salgan varios talentos como respuesta a las preguntas. Toma nota de ellos y ten en cuenta que para tener éxito, debes enfocarte en tu misión y en el principal talento.

PRÁCTICA DIARIA HACIA TU MISIÓN

1.- Hoy me conectaré con el dios creador o diosa creadora que hay dentro de mí a través de la meditación profunda, creando un estado de gestación. Prestaré atención a todos los mensajes que mi Yo superior tenga para mí. Llevaré conmigo la conciencia del Ser interior que hay en mí.

2.- Prepararé una lista de mis talentos únicos. Después haré una lista de todas las cosas que me gusta hacer y me sientan bien mientras expreso mis talentos únicos. Sabré que es mi talento único porque cuando lo expreso y lo pongo al servicio de la humanidad pierdo la noción del tiempo y genero abundancia a mi vida y en la vida de los demás.

3.- Me preguntaré todos los días: ¿Cómo puedo servir? y ¿Cómo puedo ayudar? Las respuestas a estas preguntas me permitirán ayudar y servir con amor al prójimo.

La práctica es la clave para encontrar tu misión...

MEDITACIÓN DEL YO SUPERIOR

PREGÚNTALE A TU ALMA...

La meditación es una pieza fundamental para encontrar toda clase de respuestas. No podía faltar en este libro, pues es algo imprescindible.

La práctica de la meditación te abre a la consciencia y eleva tu divinidad. Expande tu corazón y hace de tu vida diaria un fluir universal.

Esta meditación es un tanto especial. No es la típica meditación de tumbarse o ponerse cómodo/a a esperar recibir información sin más. Es esta meditación debes anotar, durante el estado meditativo, toda la información que te va llegando.

Ya practicaste en el anterior libro cómo canalizar los mensajes, así que, ahora te resultará más fácil percibir esa información.

Así que, vamos allá...

COGE PAPEL Y LÁPIZ

Ponte en un lugar cómodo, sin ruidos, luz tenue y si prefieres puedes poner música de meditar.

Relájate, suelta la tensión y siente tu cuerpo en relax, totalmente relajado.

Respira profundamente y deja que fluya todo...

Disfruta de toda la información, no trates de retener nada, no cuestiones nada...

Cierra los ojos.

Haz 3 respiraciones profundas…

Ahora pregúntale a tu alma…

¿Cuál es mi propósito?

Anótalo:

....

....

....

Cierra los ojos.

Haz 3 respiraciones profundas…

Ahora pregúntale a tu alma…

¿Cómo puedo servir a la humanidad?

Anótalo:

....

....

....

Cierra los ojos.

Haz 3 respiraciones profundas…

Ahora pregúntale a tu alma…

¿Cómo puedo ayudar a todos aquellos con los que entro en contacto?

Anótalo:

....

....

....

Cierra los ojos.

Haz 3 respiraciones profundas…

Ahora pregúntale a tu alma…

¿En qué sentido estoy mejor capacitada para servir a la humanidad?

Anótalo:

....

....

....

Escribe aquí toda esa información que te vino y presta atención a lo que sientes con ella. Anota también alguna observación que veas o sientas, esto te ayudará con las pistas para ir descubriendo tu propósito.

¿Y cómo sabré que lo que he anotado es mi propósito?

LA SEÑAL QUE NECESITAS

MIEDO Y DUDA

La señal que te indica que vas por el camino correcto es el miedo y la duda.

Sí, sí como has leído; el miedo, la duda y la preocupación te harán reaccionar. <u>Son indicadores para tomar acción</u>.

Una vez me dijeron: "*Hazlo y si tienes miedo, hazlo con miedo, pero hazlo*". Esta frase me ha marcado mucho porque siempre he sido una persona con muchos miedos; miedo al que pensarán, miedo al que habrá después de todo esto, miedo a que pasará, que será, y desde luego eso es lo que te hace frenar pero también te impulsa a hacerlo.

El día antes del evento vuélvete imparable de Laín García Calvo fui a buscar mis acreditaciones y en el pasillo me encontré a un gran motivador compañero y amigo de Laín, Robinson González. Estaba asustada por lo que me iba a encontrar allí. No sabía que iba a suceder y tenía muchísimo miedo. Tenía dudas y al mismo tiempo una palpitación muy grande dentro de mí.

Recuerdo que me dijo que si yo tenía miedo era un buen indicador, una buena señal de que habría algo importante en mí, que seguramente rompería algún bloqueo y una experiencia inolvidable me llevaría a un gran sueño. Y así fue. A raíz del evento decidí empezar a escribir. Gracias a la mentoría privada de Laín García Calvo estoy consiguiendo mi mayor sueño.

Cuándo existe el miedo **tenemos dos opciones**: dejarnos que nos paralice, abandonar, dejar de hacer todo aquello que sentías, preocuparte, permanecer la zona de confort y así nunca sabes realmente como hubieras actuado, o bien tomar ese miedo como un *impulso*.

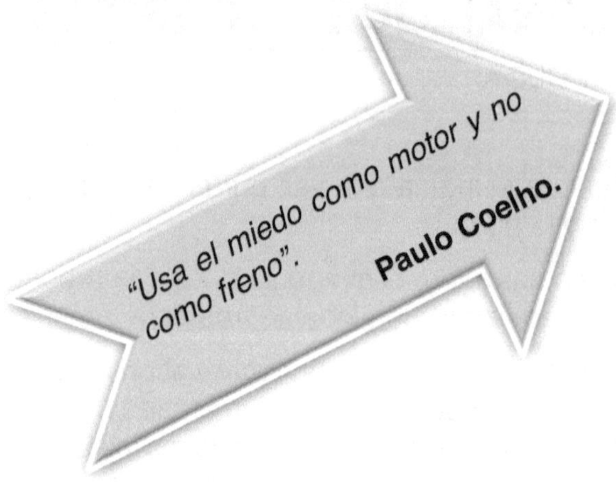

Déjame que te explique cómo funciona el Universo ante un miedo. Si tú actúas con impulso, pides un cambio, una expansión, un crecimiento en la salud y en el amor, en el dinero, el universo ya te escucha. Pero la pregunta es ¿y tú lo escuchas a él?

Respondes a los mensajes que te manda; reaccionas ante ellos no tomando acción cuando te da las pistas el universo, no escuchas con voz clara lo que te quiera decir, sus mensajes, solo atiendes a las señales que tienes con el miedo pero no la escuchas con atención porque vienen dirigidas desde del universo. Piensas en las dificultades que hay para lograr tus objetivos y no atiendes a los mensajes que te dice el Universo de *"todo va bien"*.

Es simplemente un problema de comunicación es como si hablarais en distintos idiomas y no hay conexión. Él se conecta a través de tu alma con unos mensajes que llegan a través de tu intuición. Debes estar pendiente, alerta, de todos esos mensajes, de esa señal, porque provienen de distintos sitios y de distintas maneras.

Y cada vez que sientas una intuición, una sincronicidad, una causalidad, sientes el impulso y la motivación interna que te lleva a hacer cualquier acción que te empuja a tomar una dirección. Entonces ahí es cuando tienes una buena comunicación con el universo y empezáis a hablar en el mismo idioma.

En vez de escucharlo empezaste a escuchar las excusas te mantuviste en la zona de confort y dejaste que todo sucediera según viniera y es por eso que no entendiste sus mensajes pero todo tiene sus consecuencias. Te mantuviste en los vaivenes de las circunstancias y dejaste la oportunidad pasar sin actuar.

El universo siempre te puso una oportunidad delante de ti, la persona, un nuevo trabajo, en una situación. Pero como no lo escuchaste pues no entendiste y entonces no actuaste.

"En medio de la dificultad reside la oportunidad".

Albert Einstein.

Cada intuición, cada inspiración, cada motivación, te estaba abriendo puertas para bendecir tu vida, pero no hiciste caso entonces esas puertas se cierran para ti.

El Universo te dice que tiene grandes cosas para ti, constantemente. Pero si no las escuchas no te las va a dar.

Los pasos que tienes que hacer son los siguientes: Pedir, visualizar que ya lo tienes y cuando te llega la inspiración entonces tomas acción. Yo te enseño a lo largo de esta saga a cómo hacerlo. Primero sanando parte de ti, liberándote de las cargas del pasado, después te explico cómo tienes que entender los mensajes. Una vez que pides y lo visualizas, tienes que entender cómo te llegan esos mensajes, esa inspiración, y a raíz de ahí actúas.

Y si recuerdas bien el principio de la saga TU DON, te recuerdo que siempre tienes el poder de lograrlo, solo que no todo el mundo lo consigue. Y recuerda ¿sabes por qué? Porque solo un 10% de las personas llegan hasta el final, solo un 10% termina lo que han empezado.

Y ese es el principal problema el por qué no cumplen sus sueños, porque un 90% de las personas lo dejan todo en cuanto tienen el primer desafío. Abandonan antes de conseguirlo. Y si quieres un sueño se cumpla, debes de ir a por él hasta que lo consigues, como una obsesión. Y pase lo que te pase, que no te desvíes de tu camino, de esa obsesión. Habrá muchas personas o situaciones que te obstaculicen a conseguirlo, pero tú tienes que ir a por ese sueño por encima de las personas y las situaciones. Tu felicidad no tiene precio, no es negociable.

¿Alguna vez has dejado un libro sin haberlo terminado de leer? Seguramente sí. Si te ha ocurrido es porque sueles dejar las cosas a medias ¿me equivoco?

Pero si te pones a pensar ¿dónde están los mejores capítulos? En el final del libro. Entonces ¿porque te dejas lo mejor y no llegas a leerlo?

Y esto ocurre también cuando ves una película, lo mejor está en el final. Cuando consigues ver el final y ves lo interesante que ha sido toda la película. Evidentemente hay que disfrutar de toda la película entera, pero el final será el que te llevará a esa bendición. Es eso lo que ocurre en la vida real, pero muchas veces ya es tarde, cierras las puertas a lo bueno y a esas bendiciones que te tienen que llegar.

Me ha dolido tanto, y tantas veces en mi vida, de no tomar las decisiones correctas, o no tomar la acción cuando era necesario, que ahora en cada señal que escucho y atiendo del Universo tomo acción.

Porque cuando te llega el chispazo, la inspiración, los mensajes y las señales, debes actuar.

A veces, hago una pregunta al Universo y de repente me encuentro un mensaje escrito en la pared, o el título de un libro que me impacta mucho, o de los libros que tengo en casa los abro por una página y me viene un mensaje. Cuando voy a algún sitio publico presto atención a las señales pues es ahí donde el Universo suele manifestar sus señales. Cuando recibo información de algún curso o evento le presto especial atención porque aunque me de miedo, es una señal muy importante de que algo voy a aprender ahí.

Todo lo que pueda sentir, ver, o me pongan una persona delante, tomo acción en seguida, porque sé que detrás de todo esos mensajes y personas, de esa información, hay algo, <u>una bendición muy grande</u>.

Es más, cada vez que siento que tengo miedo estoy convenciendo a mi mente que ese miedo sé que me llevará a algo positivo. Por tanto, aunque sea con miedo, lo hago.

Y como sé que al universo le gusta la rapidez, lo inmediato, actúo en ese mismo momento, sin demorar. <u>Algunas decisiones se demoran más o se tarda menos, pero siempre hay que tomar acción desde ya</u>.

A veces tardamos mucho en decidirnos y se nos pasa la oportunidad, se nos cierra esa puerta, porque lo hemos pensado demasiado. Hay que ir a por esa acción, a por ese deseo, tienes que ser un ensoñador, aunque no sepas bien lo que tengas que hacer, no importa. Y aunque no sepas lo que viene después, tienes que tener fe, ve a hacia el foco, no te desvíes.

Y todo se pondrá a tu favor, tendrás todo lo que necesitas, cuando tomes otras acciones diferentes a las que hacías hasta ahora, nuevos hábitos diferentes. Toda tu situación económica, trabajo, pareja, puede cambiar. De hecho cambiará. Intenta cambiar de camino, de lugares, asistir a sitios diferentes, hacer cosas que no hacías antes. Rompe todos esos patrones y moldes antiguos.

A veces cambio de ruta para ir a un sitio que suelo ir frecuentemente, he buscado otra alternativa y así romper esos patrones.

¿Recuerdas cuando te dije en TU DON que los monstruos estaban ocultos, algunos de ellos encerrados o en una cueva? Pues todos los miedos están ahí. Y detrás de esos monstruos está todo lo bueno. Pasa lo mismo que te conté. Tienes que entrar en esa cueva y vencer a los monstruos. Tienes que actuar e ir hacia tu foco.

Así que ¡tienes que actuar ya!

¿Estás de acuerdo?

Si estás de acuerdo, tomarás acción ya. **No importa las veces que te equivoques o falles, que siempre estarás por delante de los que nunca lo intentaron.**

Cada vez que te puedas decir un "*no puedo*", hay alguien más que está ahí que dice "yo puedo" y le están dando que una oportunidad a esa persona y tú no tendrás esa oportunidad.

Y es que si no te lo da a ti, se lo dará a otro.

"Las oportunidades nunca se pierden. Si tu no las tomas, las tomará otro".

Desconocido.

Todo lo que te sucede, todas las injusticias, malos entendidos o frustraciones son toques que te están dando desde arriba, son toques del Universo.

Y recuerda siempre que el Universo va a obrar a tu favor, siempre hay alguien dispuesto a ayudarte, siempre habrá una nueva oportunidad, siempre habrá algo, siempre y cuando no cierres las puertas.

Si amas al Universo, estás amando todo en la vida. Estás amando a tu llamado, estás amando a tu ser, a lo que has venido. Por tanto si estás conectado con eso y con tu propósito no hay nada que te pueda ir mal. Todo va a ir a la perfección y en función a todo lo que tú creas y ames.

Ama y sirve a la humanidad. Evidentemente, siempre habrá obstáculos y desafíos, pero no puedes permitir que te detengan.

No batalles con cosas terrenales, con cosas del ser humano que son a través del ego, no batalles en contra de todo lo que sucede. Déjalo todo en manos del Universo, él te va a dar la muestra y las señales para que tú te guíes. El Universo es el que va a pelear por ti, tú céntrate en tu propósito y dirígete a él.

Suelta, afloja, vive todas las experiencias. No te aferres a nada y si se te ponen por delante otras circunstancias diferentes a las que pedías, vívelas, ellas te llevarán a tu propósito.

No pierdas el foco y sigue.

Eres un ser muy especial, un ser espiritual, un ser único. Recuerda que tienes un ejército de seres protegiéndote y dirigiéndote hacia tu propósito. Solo tienes que poner tu fuerza, hacia tu propósito. Tienes que ir hacia un lugar exacto, dirígete a él y hacia a esa puertas que se van a abrir.

Elévate, expándete. Marca tus objetivos con la prueba de la fe.

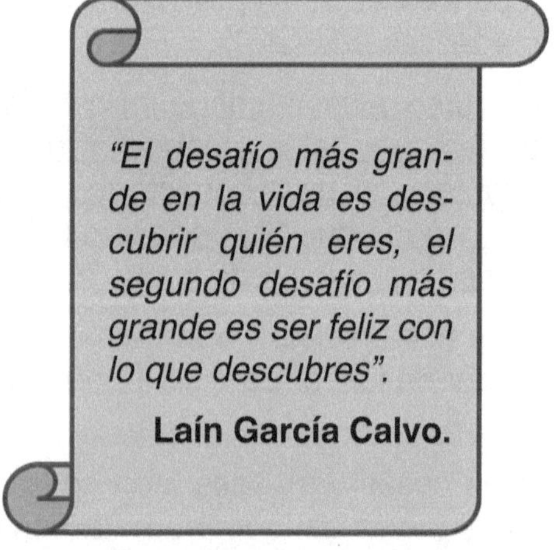

Y la verdad es que siempre me han dicho que estoy loca. Y sí, ¡lo estoy! Porque si estar loca es ir hacia mis sueños, prefiero ser siempre una loca que una cuerda sin aspiraciones. Viviendo como todo el mundo como si fuésemos un rebaño. Tengo personalidad para cumplir mis misiones y unas expectativas muy por encima de otras personas. Igual que tú. Y lo sé porque estás aquí leyendo este libro.

Yo elijo ir hacia mis sueños. Y tu ¿qué eliges?

¿CÓMO SÉ QUE ESTOY CUMPLIENDO MI MISIÓN?

TU CORAZÓN LO SABE...

¿Cómo saber si estas en el camino de cumplir tu misión? ¿Cómo saber si estás en el trabajo que es para ti? ¿O la pareja? ¿O si ese sueño que es para ti?

Sientes que estás en el camino porque lo sabe tu *corazón*. Porque no necesitas estar probándote a ti mismo/a todo el tiempo, no necesitas cuestionarte nada, ya lo sabes, tu corazón lo sabe, no tienes que cuestionar tu integridad, ni negociar, ni que sientas que tengas que demostrar nada a nadie.

Es un respeto hacia ti mismo/a, porque a pesar de las dificultades no sientes que haya sido una pérdida de tiempo, no has tenido que sacrificar algo. Tan solo has tenido que elegir el camino, decidir, tomar acción.

Lo sabes porque no sientes que estés perdiéndote.

Si sientes que estás perdido/a o que te falta algo, no estás en tu misión.

No importa lo que opinen los demás, el compromiso es contigo mismo/a. Y puede que termines agotado/a pero sabrás que ha valido la pena hacerlo y que le has dedicado todo el tiempo y todo el esfuerzo que se merece. Sientes que todo lo que has dado lo estás recibiendo, te sientes con fuerza, con energía cómo hace mucho tiempo que no te sientes.

> *"El mundo se niega a reconocer que el artista indica el camino adecuado".*
>
> **Henry Miller.**

Ahora estás alineado/a con tu propósito con el universo y es cuando empiezas a crear abundancia infinita y una felicidad plena. A partir de esos dones y talentos únicos te conectas con tu ser, elevas tu vibración y creas un poder creador para mejorar y ser la mejor versión que hay en ti.

Y además sabes que disfrutas de ese proceso porque a pesar de tu dolor, de tu sufrimiento, de todo lo que te cuesta, estás disfrutando del proceso, estás viviendo lo al máximo potencial.

> *"Si el camino es difícil, es porque vas en la dirección correcta".*
>
> **Desconocido.**

Y de repente sientes como una fuerza, como un valor sale y emana de ti para poder con todo lo que te venga por delante y el miedo y la duda ya no son nada. Y no es que dejen de existir, siempre existirá el miedo y la duda, pero ya no te detienen. **El universo y tú sois los dos grandes socios que no pueden destruirlos ni separarlos.** Ahora empiezas a conectarte con él, con todas las sincronicidades y todo lo que se conecta al universo entero para que así actúe a tu favor.

Escucha tu misión, todos tenemos una. Comienza con esta misión entregándolo todo, ponle pasión, energía, entusiasmo a todo lo que hagas dirigido hacia tu propósito.

<u>Enamórate de él porque con el tiempo él se va a enamorar de ti. Vais a ser la pareja inseparable y él te dará mucho más de lo que esperas.</u> **Ve a por él.**

Vas a saber que estás cumpliendo con tu misión si se dan todos los aspectos de este gráfico:

Ve a por tus sueños…

CAMINA HACIA TU ÉXITO

TU TALENTO ÚNICO

A lo largo de tu vida puedes haber leído mucho sobre desarrollo personal. Quizás has leído sobre finanzas, como atraer el dinero, disciplina, motivación. Todas estas ayudas son, sin duda, muy importantes para todo aquél o aquella que está buscando diariamente superarse y ser una mejor versión de sí mismo/a.

Sin embargo, toda esta información no te sirve de nada si no encuentras tu propósito de vida.

Es cierto que todos estos consejos en los libros, vídeos y todas las herramientas sobre desarrollo te ayudarán a ser más productivo/a, tener más disciplina y a mejorar tu situación económica. Pero ¿Qué sucede si a pesar de conseguir todos los logros no eres feliz con tu trabajo o labor, con aquello que realizas? ¿Qué pasaría si pasaran 20 o 30 años que has alcanzado tus metas, a pesar de todo lo que has obtenido, no te satisface del todo o no te llena?

Realmente nadie se visualiza en un escenario en el cual todos los años que ha dedicado se vayan a actividades poco compatibles con sus intereses. Pero sucede que hay muchas personas que no se toman el tiempo para descubrir lo que sus intuiciones o palpitaciones les dice hacia su talento.

Es exactamente el escenario anterior. Es decir, que a pesar que se ofrece una cierta estabilidad, no se obtiene una satisfacción plena. Y de esta manera, aportar con gran impacto a la humanidad va a ser muy difícil.

Esto nos lleva a que conocer nuestra misión de vida es crucial para tener la vida más plena.

A veces encontrar tu propósito de vida puede tardar muchos años, porque no siempre se está conectado/a a esas intuiciones sobre tu talento. La mayoría de veces es porque no nos valoramos y pensamos que aquello que nos gusta es muy difícil de llegar. Sin embargo, en otras ocasiones, lo que sucede es que no sabemos qué es lo que realmente nos llena.

A lo largo de nuestra vida vamos recorriendo por etapas todo aquello que necesitamos experimentar. Es así como durante los años estamos conectados/as con propósitos superficiales y cada vez vamos acercándonos a nuestra misión o propósito de vida.

He canalizado esta información y como ya te he hablado anteriormente, sucede como si viviéramos como etapas o peldaños. Estas etapas las llamo "capas astrales" que en definitiva son etapas de dar pasos hacia tu propósito principal, es decir, tu misión de vida.

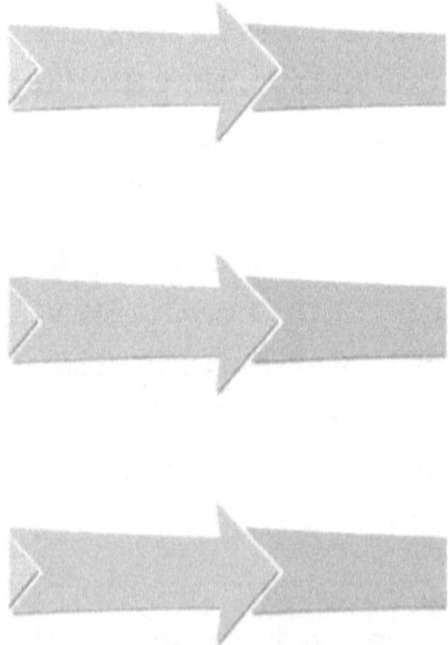

Siempre empezamos por capas más lejanas, más exteriores, para llegar a la más interna, la que se materializa tu misión.

Hay otras personas que lo representan en círculos como lo hace el autor del libro "*El camino del hombre superior*", David Deida. En él nos explica que los propósitos menores se representan en la parte exterior del círculo y el propósito principal se halla en el centro de dicho círculo.

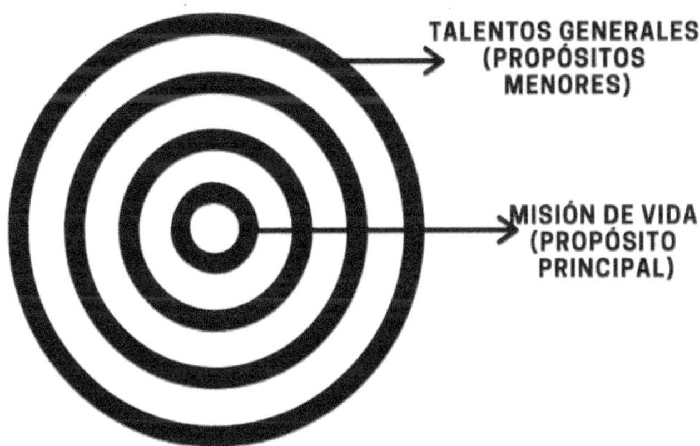

En definitiva, la parte más exterior será dónde encontramos propósitos menores o talentos que te llevarán a tu misión. Normalmente, las capas más externas suelen ser las profesiones que heredamos de nuestros padres y la mayoría de los casos no nos llenan. Esto nos lleva a seguir buscando actividades que nos van a llevar al propósito principal o Talento Único. Es decir, <u>tu misión de vida.</u>

Por ejemplo, si tu propósito es ser empresario necesitas saber que antes de ponerte a llevarlo a cabo deberás tener muchas lecciones aprendidas y experiencias vividas que contienen las capas exteriores.

Estas experiencias y lecciones se llaman aprendizajes.

Debemos estar dispuestos a completar todos los talentos menores e ir escuchando las llamadas, intuiciones, chispazos, palpitaciones que nos van llevando hacia el anhelo de tu alma que es tu misión de vida.

> *"Sé quién en verdad eres. Descubre tus talentos y tu propósito en la vida. Esto te llevará a hacer lo que amas y porque haces las cosas con amor, obtendrás lo que necesitas".*
>
> **Erich Fromm.**

A lo largo de mi vida he tenido varios talentos; mi historia laboral nace desde hacer trabajos de fábrica en manipulación, empaquetado y otras tareas. Es decir que esta labor corresponde a mis capas más exteriores. Después he ejercido como auxiliar administrativo, secretaria, terapeuta holística y masajista, empresaria en centro de terapias y masajes. Estos talentos son los que han ido adentrándose a las capas cada vez más profundas hasta llegar a misión de vida.

Todas las anteriores labores han sido talentos menores, mi talento único es otro; expandir a la humanidad mi don de sanar, canalizar y encontrar su misión de vida. ¿Y cómo lo hago? A través de esta saga. Es por eso que me he dedicado gran parte de mi vida en conocer más a fondo, experimentar y lograr más en otros proyectos que están más alineados a mi propósito principal.

Mi talento único.

Esta saga está escrita con la finalidad de que encuentres las respuestas a tus preguntas existenciales. ¿Para qué he venido? ¿Qué misión tengo en esta vida? ¿Qué debo aprender de esta vida? ¿Qué debo sanar? ¿Cómo entiendo los mensajes que me dan? Y ¿Cómo puedo ayudarte en esto? Pues escribiendo todo lo que aprendí y todo lo que me han transmitido mis guías y el Universo o Dios. Mi misión está relacionada con las canalizaciones; soy un canal para transmitir toda esa información que te ayudará a ser quien eres.

Mi misión es comunicar los mensajes del Universo.

Y surgió, en primer lugar, por el interés en saber más. Me preguntaba constantemente qué había detrás de mis desafíos. Sabía que había algo más que descubrí cuando entré en la espiritualidad.

No sólo quería conocer, sino transmitir aquello que a mí me llegaba para ayudar a todas las personas que interactuaba. Mi interés por saber más, la lectura y el conocimiento de aquello que desarrollaba me llevó a esta misión a mi Talento Único.

Siempre he tenido una inclinación natural de transmitir mensajes para ayudar a los demás. También a enseñar cómo hacerlo y tener la vida que desean conectándose con su talento.

Por eso, todas las plataformas en las redes sociales y todos los lugares, formas y vehículos dónde estará mi saga, es una oportunidad de llegar a un gran número considerable de personas para lograr este objetivo. **El que todo el mundo sea feliz.**

Puede que sea complicado llegar a todo el mundo, no será fácil. Pero con tu ayuda seguro que podré lograrlo y además de forma más rápida y eficaz.

Juntos vamos a construir un mundo mejor.

Es por eso que puedo decir que actualmente disfruto de esta labor y que con el desarrollo de ésta he encontrado nuevos intereses y objetivos que me llevan a expandirme y crecer en mi misión. Seguramente, me lleve a otras direcciones y a realizar nuevos proyectos dentro de mí misma misión.

Es así como debemos actuar cuando llegamos al centro de las etapas o capas. Una vez lo descubres tienes que dedicarte y expandirte hacia nuevos horizontes siempre enfocado/a en tu propósito de vida.

Muchas personas cuando lo logran se estancan haciendo lo mismo y eso es un error muy grande porque no dejas que se expanda y crezca tu misión. Entonces no permites que otras personas conozcan más sobre ella y que puedan estar necesitando. <u>Siempre hay una necesidad para cada talento único</u>.

Recuerda que tu propósito se completa cuando lo expandes a la humanidad. Sólo así atraerás abundancia a tu vida y a la de los que te rodean.

La clave es estar en constante búsqueda de aquello que nos ha atraído la llamada, intuición o como quieras llamarlo, de ese anhelo de tu alma.

Esto no quiere decir que debes rechazar todos los trabajos o labores que te vayan ofreciendo, puesto que seguramente lo necesites para adquirir experiencia o tener aprendizajes de él para llegar a tu talento principal.

Incluso quizás debes aceptar trabajos si tienes necesidades económicas, aunque no resulte de tu agrado, teniendo en cuenta que ese trabajo es solo un talento menor o exterior y que vas a tener que seguir indagando sobre lo prioritario en tu vida.

Las personas de éxito y grandes empresarios desempeñan varias funciones o trabajos distintos. Porque el éxito va acompañado por <u>dos trabajos</u> siempre. Por eso es que tenemos más de un talento.

Tu misión principal va acompañada de otro talento independiente.

Normalmente ese talento menor que acompaña a tu misión suele ser alguna labor relacionada con tu misión, pero no siempre es así. Puede ser que se te dé bien la fotografía y tu misión ser ayudar a las personas a superar miedos. Como ves no tiene nada que ver el talento menor (general) con tu misión. ¿Pero qué me dices si te digo que puedes fusionar tu talento general con tu misión para lograr el éxito? ¿Suena a locura?

Imagínate que ayudas a otras personas a superar sus miedos a través de la fotografía. Es decir, superar pudores, vergüenzas, miedo a ser expuestos/as a través de las fotografías, a través de un objetivo captando toda y cada una de sus características y rasgos. ¿Suena genial no?

Pues, sin duda, si haces esto con tu talento general y tu misión de vida, **tienes el éxito asegurado.**

Y cuando hablo de éxito no me refiero que solo te forres de dinero, que lo tendrás. Me refiero al éxito de cumplir tu propósito, de completar el Dharma, de ayudar, de dar y recibir, del gozo, de las bendiciones. De la felicidad y la abundancia.

Tienes que tener en cuenta que aunque encuentres tus pasiones, tus talentos, debes ir hacia tu propósito. Pero eso sí, sin dejar de centrarte en tu objetivo que te llevará a lograr tu talento principal, único, para ir buscando esos talentos que se alinean con tu misión.

Si en la actualidad, disfrutas de lo que estás haciendo no hay motivos para dejar de hacerlo, solo tienes que tener la mente abierta ante nuevas oportunidades. Escucha los mensajes que el Universo te manda, estate atento/a a todas las señales, serán mensajes que te lleven a tu propósito de vida. Entonces deberás de tomar la decisión correcta para ir hacia él, saliendo de la zona de confort que te provoca este trabajo.

Si por lo contrario, sientes que no avanzas con tu vida y no te satisface aunque ganes mucho dinero debes seguir el camino del corazón, es una brújula, escucha lo que tu alma anhela y busca otras opciones que pueden llevarte a tu misión.

Aprovecha el tiempo para conocer otras técnicas, disciplinas, aprender nuevos hábitos, estudiar principios universales para indagar sobre tus talentos ya que es crucial para que te lleve por el camino correcto.

"Concretando: se trabaja con imaginación, intuición y una verdad aparente; cuando esto se consigue, entonces se logra la historia que uno quiere dar a conocer".

Juan Rulfo.

RECOPILA

TU RAZÓN DE EXISTIR

Descubrir tu propósito de vida es una base fundamental para todos los aspectos de tu vida y que mejoren, además que estén alineados con el deseo del alma. Pero esto no quiere decir que cuando encuentres tu propósito de vida todo te vaya a ir sin dificultades, sólo que tendrás más herramientas para vencer esas dificultades.

Siempre deberás superar muchos obstáculos pero si sientes que has descubierto tu misión y que tu expansión a la humanidad está creando un gran impacto, tendrás una gran motivación para seguir adelante con los objetivos que te marques.

La mayor satisfacción que tendrás es que a pesar de tener millones de desafíos, detrás de ellos estarán grandes bendiciones y aún mejores de lo que te esperarás.

NUNCA ES TARDE PARA ENCONTRAR TU MISIÓN DE VIDA.

Es tu razón de existir.

Así que no te preocupes si no lo encuentras pronto, siempre hay tiempo para encontrarlo y expandirlo. Sólo tienes que estar pendiente de las señales, tomar acción, estar en constante aprendizaje y avanzar, hasta alcanzar tu misión.

Hay personas que la encuentran al final de su vida. Han logrado encontrar esa llamada y han conseguido increíbles resultados.

Morgan Freeman, actor estadounidense nació en 1937, pero hasta los años 80 o logró tener éxito en el cine. A sus 50 años fue nominado el mejor actor de reparto por "*El reportero de la calle 42*". Ganó la estatua dorada en 2004, a los 67 años, por la película "*Million Dollar Baby*" dirigida por Clint Eastwood (un exitoso veterano de 84 años).

Winston Churcill, Primer Ministro Británico nació en 1874 y llegó al poder en Reino Unido a sus 66 años de edad. En 1940 se convirtió en Primer Ministro Británico, siendo de nuevo presidente en 1951 hasta que se retiró cuatro años después. Además ganó el Premio Nobel de Literatura en 1953.

Laura Ingalls Wilder, escritora. Publicó las primeras historias semiautobiográficas a sus 65 años de edad, en un libro titulado "*Casa Pequeña*". Estas publicaciones se convirtieron en clásicos de la literatura infantil y fueron la base para la conocida serie de televisión "*La Casita de la Pradera*".

Charles Darwin, dedicó toda su viuda a ser naturista pero en 1859, con 50 años de edad creó su teoría científica denominada "*El origen de las especies*", dejando historia en la comunidad científica.

Como puedes ver, grandes del cine, la ciencia, literatura han logrado ser exitosos en avanzada edad. Y es que el éxito es para aquel que realmente lo desea pese a las circunstancias, los desafíos que tenga o bien los intentos fallidos que realice.

¿Crees que todas estas personas no los tuvieron? Pues claro que sí. Todas las personas exitosas los tienen. Solo que no se rinden jamás. Y esa es la gran diferencia con las personas que no lo consiguen.

La diferencia que hay entre una persona que lo consigue con la que no es tan solo seguir con intentos fallidos hasta encontrar el ACERTADO.

Y ahora que estás descubriendo tu misión, conoces tu despertar y tu propósito, que sabes cómo funciona la Ley del Dharma, la has practicado y has meditado, que has tenido la señal que necesitabas para seguir impulsándote, sabes que estás en tu misión por cómo te sientes y has caminado hacia tu éxito ¿qué harás?

Ahora toca expandirlo a la humanidad…

¿Vamos?

Tu Misión de Vida

3er PASO

EXPANDE

EXPANDE

¿Cuáles son tus dones, talentos o habilidades?

¿Lo sabes?

Si es así déjame felicitarte, porque es algo increíblemente maravilloso. Cuando tú realmente te das cuenta de quién eres, tu Esencia, a quererte tal cual eres, todo empieza a ponerse en su lugar.

Las piezas se colocan en su sitio.

Durante muchos años hemos estado ignorando nuestros dones, talentos y habilidades. Venimos de enseñanzas donde nuestros maestros nos decían lo que estaba bien y lo que estaba mal. Nos reprogramaron y nosotros hemos seguido esas enseñanzas que nos han inculcado.

Ya es hora de que cada uno de nosotros sea quien ha venido a ser, quien es en Esencia, ser nosotros mismos y no lo que nos han enseñado. Todos somos únicos y debemos aceptar lo que tenemos dentro. Tenemos que empezar a aceptar nuestros dones y compartirlos con el mundo. Es algo maravilloso, todo fluye. **Fluye con lo que eres.**

"Si tratas de ser quien no eres no puedes ver de lo que careces ni darle alegría a tu corazón o buscar una pasión para mejorar tu estilo de vida. Acéptate tal cual eres y fluye con total libertad".

Leo Pavoni.

Cuando trasladas tus dones al mundo material y empiezas a compartirlos, te das cuenta que todo fluye; tienes abundancia, felicidad, relaciones extraordinarias, amor, salud. <u>Tienes todas las áreas de tu vida totalmente plenas y con armonía. Porque aceptaste como eres y porque ver TU DON no es una tarea sencilla.</u>

Porque viene de una forma muy natural y estamos llenos de programaciones que nos dicen que lo normal es otra cosa y es ahí donde tenemos el desafío. A veces lo vemos tan natural que no nos creemos que eso sea cierto, tendemos a no creer lo que sentimos por lo fácil que se produce.

Hemos venido por un Plan Divino y nos lo han hecho recordar a través de **TU DON**, es por ello que todos los desafíos que tenemos tienen que ver con ese DON. Porque, precisamente, tengamos la ardua faena de ir descubriendo todos los dones, talentos y habilidades hasta hallarlos.

Ahora mismo, todos los días, puedes estar aplicando *TU DON* a tu vida diaria. Incluso puedes llegar a pensar que no es un don, que no creas que no todos lo tengan. Pensarás que hay más personas como tú que lo tienen, que no es nada especial.

<u>Pero cuando empiezas a observarte, a darte cuenta de que realmente no todos hacen lo mismo que tú y además en la misma expresión que tú, que no todos tienen la misma facilidad para eso, en lo que realmente eres bueno/a, entones es cuando empiezas a desarrollarlo y a tener ventaja, a fluir.</u>

Si tienes la habilidad o don para la publicidad, para hacer virales los vídeos en las redes sociales, pensarás que esto puede hacerlo todo el mundo, y realmente es así. Pero si es TU DON, nadie podrá hacerlo con tanta facilidad ni fluirá tanto como tú. Porque no es sólo esa habilidad en sí, sino que además tendrás tu manera de expresión única.

Evidentemente, todos podemos lograr lo que nos propongamos, pero la mayoría de personas que no están en su propósito no lo lograrán, o quizás tardarán más en conseguirlo, por la sencilla razón que no están en su misión, no están en su DON.

> *"Tu talento determina lo que puedes hacer. Tu motivación determina cuánto estás dispuesto a hacer. Tu actitud determina qué tan bien lo haces".*
>
> **Lou Holtz.**

Mi mentor era deportista de élite, ganó muchas competiciones e incluso enfermó y le dijeron que jamás podría volver a nadar. A pesar de que todos los pronósticos le decían que debía abandonar, él siguió. Se recuperó de la enfermedad, siguió compitiendo y volvió a ganar.

Pero a pesar de su insistencia, dedicación, empeño, perseverancia, se dio cuenta que no era su DON. Se sentía vacío, no tenía toda la abundancia que quería y en el amor tampoco le fue bien. Así que decidió y se propuso encontrar su DON. Y lo logró. Escribió una saga de libros, hace eventos, conferencias, y es mentor de miles de personas. Gracias a él estoy aquí, escribiendo estas líneas, siguiendo sus pasos. Pero eso sí, enfocada en mi DON.

¿Entiendes ahora la importancia de expandir TU DON?

Si mi mentor no hubiera encontrado su DON, ni yo ni tantas personas no hubieran encontrado el suyo. Él es un gran entrenador mental. Nos enseña a trabajar nuestra mente, reprogramarla y hacer que todos nuestros sueños sean posibles.

<u>Un don, realmente, es una ventaja, es una habilidad única y se expresa de forma única.</u> Hay muchos motivadores, pero cada uno de ellos lo expresa de forma única. **Tan solo tienes que observar y luego compartir con el mundo.**

Y ahora te vuelvo a preguntar: **¿Cuáles son tus dones, talentos y habilidades?**

Estoy segura que ahora ya vas sabiendo y te estás acercando más, de manera más exacta, a la respuesta a esta pregunta.

Un claro ejemplo de todo esto que te estoy contando es la reciente estrenada película "Aquaman". Esta película tiene muchos mensajes, pero lo más curioso es que habla del DON que tiene el protagonista; puede hablar con los animales acuáticos marinos. Su misión es unir tierra y mar. Él creía que esta comunicación con los animales marinos era natural y lo compañeros del colegio se reían de él, era el "*rarito*" de la clase.

Cuando crees que es algo normal, y lo haces con naturalidad, no te das cuenta de que tienes un DON. De hecho ni siquiera lo ves como un don. Pero si lo ves desde fuera dices: "*¡Wow qué don! ¡Yo quiero ese don!*". Sin embargo, a veces puedes verlo como algo negativo.

En el caso del protagonista de esta película, cuando era niño y hablaba con los animales marinos, en este caso, para él también era algo negativo porque se reían de él. Era un estorbo tener ese DON.

A mí me pasó exactamente lo mismo cuando descubrí mi DON de canalizar. Podía ver a seres que ya no están con nosotros y que nadie los veía. Además puedo ver, hablar, escuchar con los guías espirituales. Me llegan muchos mensajes de todas partes. Antes era un estorbo para mí tener ese DON porque en ocasiones lo pasé verdaderamente mal. Y no solo por ser juzgada, sino más bien porque todos los seres venían a mí, a veces me atormentaba, no entendía nada.

Pero si tu DON llega a ti y lo descubres, debes de saber que el DON te pertenece a ti y se va a quedar para siempre en tu vida. Por mucho que lo intentes evitar. Viniste a eso.

Este DON te ayudará a crear más dones y más vidas, así como el protagonista de "Aquaman" unificó mar y tierra, a los pueblos, consiguiendo ser Rey. Así también como mi mentor logró unificar comunidades de distintos países, grupos de almas imparables, donde consiguen sus sueños por imposibles que parezcan.

Llegados a este punto, puedes preguntarte: "¿Y a mí de qué me sirve tener mi DON?

Pues te sirve por varios motivos:

1. **Tu don te va a salvar:** Cuando ayudas te está salvando. Tu misión va detrás del mayor de tus desafíos. Así que si vas hacia tu misión, con TU DON, estás enfrentándote a esos desafíos y a todos tus obstáculos, creencias y monstruos.

2. **Crearás Unidad:** La comunicación que tendrás con tu comunidad, con las personas que te rodean y te aman y te siguen, hará que creen unidad y harán frente a todos las batallas. Pelearán junto a ti por una causa; ayudar a la humanidad.

Cuando empiezas a amar TU DON, amándote a ti en esa Esencia que eres y comprendes que ese don forma parte de ti desde que naciste, y durante mucho tiempo lo has estado desarrollando, te das cuenta que forma parte de ti por alguna razón.

Sabes que desde más allá de tu conciencia, TU DON existe en ti.

Y como ya hemos hablado en los anteriores capítulos, tenemos muchos talentos y que en conjunción con TU DON puedes lograr una expansión de tu, puedes crear y manifestar aquello que un día viste pero que jamás se te pasó por la mente que pudiera suceder. Es algo realmente mágico.

> *Si crees en la magia da aquello que está dentro de ti. Regala TU DON.*

No importa lo que te dijeron de pequeño/a, no importa todo lo que te inculcaron, no importa cómo te dijeron que debías de hacer las cosas, o lo que tus padres te enseñaron.

Importa que ahora que sabes todo sobre TU DON ¿qué vas a hacer con ello?

COMPARACIÓN

ROBLE O BAMBÚ...

Cierto día en un bosque, había un joven que golpeaba un árbol con furia y ensañamiento. Hasta que, cansado, por fin, dejó de golpear.

Un anciano que observaba la escena fue hasta donde él estaba, se sentó, miró al joven y le dijo:

- ¡Muy duro! ¿Eh? Tienes problemas, y los resuelves golpeando un árbol.

- Sí, así soy, duro y fuerte.

- Prefieres golpear un árbol, descargar toda tu energía en él, y abandonar tus problemas sin tratar de resolverlos... ¡qué bien!

    Así que, duro y fuerte. -Ven, te voy a decir algo.-

Lo llevó hasta donde había un roble; después lo llevó a donde había un bambú...

- Obsérvalos... el roble es grande, duro, y muy fuerte, igual que tú, y el bambú es muy delgado y flexible.

En tiempos de tormenta, cuando los vientos soplan muy fuerte, el único que sobrevive a tal desastre natural es el bambú, ya que el roble es muy duro para soportar la tormenta.

El bambú, con su gran flexibilidad soporta toda tormenta, se mueve y dobla en armonía, hacia donde los vientos se dirijan; y el roble, como es tan duro, está tan estático que en vez de doblarse se quiebra, trata de resistir, de imponerse ante la tormenta, hasta que tarde o temprano cede.

Pasada la tormenta, el único que queda de pie es el bambú, delgado y flexible, listo para soportar otra tormenta.

Muchas veces cuando la tormenta acecha nos tomamos de cierta manera esos vaivenes como rachas que hay que moderar con la fuerza y golpeando todo lo que tenemos delante.

En tu vida, considera cada problema como la tormenta de esta historia, unas muy fuertes, otras no muy fuertes y tú, puedes decir que eres muy duro, que a ti no te hacen nada, que no lloras. Ya viste lo que le pasa al roble no se quiebra pero si se cae. Pero cuando las tormentas son muy fuertes, sin embargo el bambú aguanta y aguanta.

Tú siempre debes decidir si te comportas como un bambú o como un roble. Todo es cuestión de elección. Así que, en los momentos de tormenta dependiendo de cómo te lo tomes, de lo que decidas hacer si roble o bambú, así actuarás. Pero déjame decirte que esta *elección* es debido a que nos comparamos con los demás.

Ahora que ya sabes cómo descubrir tu misión y TU DON, no debes caer en el grave error de compararte. Porque cuando lo haces, dejas de ser tú mismo/a y pierdes tu esencia, tu ser. Cuando actúas según los demás dejas de ser un ser creador, abundante y feliz.

> *"No compares tu vida con la de otras personas. El sol y la luna no se comparan. Cada uno brilla cuando es su momento".*
>
> **Desconocido.**

Cuando tienes cualquier sentimiento que no te guste o agrade, o sientes vergüenza de tener algunos pensamientos, o que te sientes mal por sentir algo en concreto, solo tienes que **dejar fluir.** Cuanto más te resistes a esos sentimientos te causarán emociones que te harán sentir peor. Es decir, que cuanto más te resistes más crece. <u>Solo tienes que dejar que pase</u>, porque créeme, pasará.

El sentimiento de comparación es el pensamiento de los absurdos. <u>Todos somos diferentes y pensar y sentir igual que otro es absurdo. Todos somos seres únicos, no podemos hacer nada igual; ni pensar, ni sentir, ni amar, nada, absolutamente nada igual.</u>

Solo los locos quieren ser igual. Pero no los locos de no cordura, sino los locos que no saben lo que hacen. Todos somos únicos pero al mismo tiempo somos iguales. Pero ¿Por qué querrías compararte con alguien si tú eres Todos y Todo, cuando ya eres todo lo que puedes llegar a SER?

¿Por qué quieres ser alguien más? Tú ya eres TODO lo que puedes llegar a ser y tú ya tienes integrado TU DON. ¿Ves lo absurda que es la comparación?

Curiosamente, en las cartas del Tarot Osho Zen nos habla de la comparación con el mismo ejemplo del roble y el bambú. Aquí te dejo su explicación con su comentario:

"Comparar implica inferioridad y superioridad.

Cuando no comparas, toda inferioridad y toda superioridad desaparecen.

Entonces eres tú, simplemente estas ahí: un pequeño arbusto o un enorme árbol, no importa, eres tú mismo, tú eres necesario.

Una bizca de hierba es tan necesaria como la estrella más grande. Sin la brizna de hierba, Dios será menos de lo que es.

El canto del cucú hace tanta falta como cualquier buda, el mundo será menos, menos rico, si el cuchillo desaparece.

Simplemente mira a tu alrededor. Todo es necesario y cada cosa encaja en el conjunto.

Se trata de una unidad orgánica, nadie es más alto, nadie es más bajo, nadie es superior, nadie es inferior.

Todo el mundo es incomparablemente único.

Comentario

¿Te han dicho alguna vez que el bambú es más hermoso que el roble, o que el roble es más valioso que el bambú?

¿Piensas que al roble le habría gustado tener un interior vació como el del bambú? ¿Tiene celos el bambú del roble porque es más grande y sus hojas cambian de color en el otoño? La idea misma de que dos árboles se comparen resulta ridícula, pero los humanos parecemos tener este hábito muy arraigado.

Afrontémoslo: siempre va a haber alguien más hermoso, con más talentos, más fuerte, más inteligente o aparentemente más feliz de lo que tú eres.

Y, al contrario, siempre habrá aquellos que sean menos que tú eres.

Y, al contrario, siempre habrá aquellos que sean menos que tú en todos los campos. La forma de encontrar quien eres no consiste en que te compares con otros, sino tratar de ver si estas realizando tu propio potencial de la mejor manera que sabes".

TAROT OSHO ZEN.

Cuando pretendes compararte es porque no has resuelto en ti todo lo GRANDE que eres y aún no lo has descubierto tu verdadero DON. No has encontrado tu verdadera misión de vida.

La comparación es la peor de las enfermedades emocionales; dejas de ser tú mismo/a para ser otro/a, que ni tan solo puedes parecerte. A ese ser que imitas nunca podrás ser igual, ya que también es un ser único.

Esto es un juego; el juego de la comparación y la enfermedad. Y la mayor de las mentiras.

Si hay algo que no te gusta de ti mismo/a, trabájalo, cambia todo aquello que no te resulte positivo o agradable, pero no busques en los demás aquello que nunca será parte de ti.

Cuando yo veía que todos mis amigos hacían cosas distintas y yo quería ser como ellos, soñaba con tener todo lo que otras personas tenían; mis compañeros o mentores. Y es que puedes modelar a alguien que ha conseguido aquello que tú quieres, pero jamás usar la comparación para ser igual. Una cosa es seguir los pasos que otros han logrado, sus éxitos y otra es querer ser ellos.

Todos tenemos una historia y un camino distinto, jamás podremos ponernos en los zapatos de otro porque son recorridos distintos. Distintas vivencias, distintas lecciones, aprendizajes y creencias totalmente diferentes.

"La comparación es un acto de violencia contra uno mismo".

Iyanla Vanzant.

Todos estamos unidos por una conexión con el Todo. Por tanto, todos somos Uno. No existe la competencia ni enemigos. No es más que tu ego que necesita destacar en ti y empoderarse. Pero no es así, tu poder es más grande y absoluto. Hagamos sentir a nuestro prójimo que es un ser increíblemente único.

EN EL UNIVERSO SOLO EXISTE UNIÓN, PAZ Y AMOR.

Cuando comparamos se equivale a dejar que la envidia sea la protagonista y entonces tratamos de aparentar algo que no somos, tratamos de ser alguien más. Cuando puedes ser alguien mejor, alguien más. Busca en ti, ser mejor y más grande.

Te pido que si crees que no puedes dejar ese juego de la comparación, sientes envidia o cualquier sentimiento dominado por el ego, que no hagas nada. Párate y siéntelo. Déjalo fluir, no lo retengas. Cuanto más te resistas más persistirá.

Cuando entiendes las reglas de este juego tan absurdo te reirás, porque es la más grande mentira que existe.

"La realidad se hace evidente cuando dejamos de comparar".

Bruce Lee.

LA COMPARACIÓN NO EXISTE.

¿POR QUÉ NO PUEDES TENER ÉXITO SI NO COMPARTES?

CONTRIBUYE...

Si no compartes lo que eres; tus habilidades, tus dones, todo lo que eres en tu esencia, lo que te hace feliz; no sirve de nada, es información muerta. Es en vano todo.

Si no expandes tu talento a la humanidad no completas lo que le llaman los hindúes, el Dharma, que es el propósito de vida. Por tanto no creas abundancia a tu vida. Así que corre ahora mismo y comparte aquello que sabes. No importa que sea algo pequeño o que crees que ya lo hacen más personas, compártelo.

Mucho de los errores que cometemos es en guardarnos esa información, sea innata o adquirida. Normalmente, tu talento único es algo que te llega de manera innata, porque se conecta con tu conocimiento intemporal. Pierdes la noción del tiempo y pasarías hablando todo el día sobre ello sin cansarte.

Entonces si amas hacer algo, compártelo. Independientemente de lo que creas o pienses. Sal de tu zona de confort y ayuda a miles de personas. Por cada talento existen también necesidades únicas, así que alguien está esperando tu talento.

Trabaja todos los días, tienes que llegar al éxito sí o sí, con determinación. No te queda otra que lograr tus éxitos.

> *"En el pasado, eras lo que tenías. Ahora eres lo que compartes".*
>
> **Godfried Bogaard.**

Tú has venido a eso, a conseguir tus logros, tus éxitos, pero sobretodo has venido a ser feliz.

¿Recuerdas las necesidades del alma? Pues una de las más importantes es <u>ayudar y traer felicidad a todos los seres que nos rodean</u>.

Y posiblemente tengas mil dudas, entre ellas, las preguntas existenciales que siempre rondan por tu mente. Tranquilo/a. Es completamente normal, todos las tenemos y es nuestra misión descubrirlas.

PERO REALMENTE ¿A QUÉ HEMOS VENIDO?

Te encuentras aquí en la Tierra no solo para ayudarte a ti mismo/a y vivir experiencias, sino **para contribuir a la humanidad**. <u>Eres necesario</u>.

La misión del Universo o Dios fue expandir semillas de conciencia en la Tierra. Tu función es coger esas semillas y dejar que florezcan para que otras personas puedan ser bendecidas. Eso es lo que hizo Jesús, nosotros también debemos hacer como Él, ser Cristos. Renacer de la conciencia basada en el amor.

¿Cómo saber qué es lo que tienes que aportar a la humanidad? Tu contribución a la humanidad está relacionada con tus objetivos personales. Esos desafíos de la vida en los que te enfrentas te llevarán al servicio de los demás.

Por ejemplo, si alguien ha perdido a su hijo y ha sufrido un intenso dolor y un proceso de duelo terrible, seguramente la misión de su alma sea ayudar a otros padres que estén pasando por la misma situación. Así que su propósito será encontrar la manera de cumplir con su misión de vida.

Tu propósito siempre estará detrás del mayor desafío que hayas tenido.

Las personas correctas se cruzarán en tu camino para que lograr cumplir con tu cometido, para realizar esta labor, entonces, sentirás gozo y satisfacción. Sentirás como tu corazón se expande. Incluso hará que te enfrentes a lo que te causó ese gran desafío y sus consecuencias.

Cuando tuve que enfrentarme a mi desafío sobre los malos tratos y el aborto, al principio no veía para y por qué me había pasado todo lo que me pasó. Porque sufrí tanto y porque me sentí tan culpable por haber tomado la decisión de abortar voluntariamente. Ahora sé que todo fue planeado por mi alma y que detrás de esos desafíos está mi propósito. Todo ha ido sucediendo tal y como estaba en mi plan divino. Ahora sé que mi propósito es que llegue a todo el mundo este libro para ayudar a miles de personas que hayan pasado o estén pasando por lo mismo que yo pasé. Que este libro me lleve a conferencias y eventos donde acudan millones de personas y puedan sanar su alma. Y sé que este es mi propósito porque tú estás leyendo este libro. Todo se puso a mi favor para poder llevarlo a cabo.

Tu aportación a la humanidad se relaciona con aquello que más amas hacer y con lo que harías aunque no te pagasen. Los seres humanos tenemos la tendencia natural de transmitir a los demás los conocimientos que hemos adquirido a nivel del corazón. Es decir, que cuando el corazón está despierto y lleno de gozo, siente más vínculo con los demás, porque esto hace que haya más amor y más gozo.

Es por eso que si una persona sufrió muchas enfermedades en su vida o alrededor, o quizás sienta aflicción por las personas que las padezcan, es posible que su propósito tenga que ver con la sanación como puede ser un doctor/a, enfermero/a, etc. y además tenga la necesidad de transmitir a los demás esos conocimientos para poder ayudarles.

> *"El mayor placer que la riqueza confiere consiste en la capacidad de ayudar a los demás".*
>
> **André Maurois.**

En mi caso decidí ser terapeuta holística, conocer las terapias naturales y alternativas y decidí también expandir mi don de canalizar para ayudar a miles de personas a aumentar su autoestima, a valorarse y encaminar sus vidas.

Y es así como la energía del corazón despierta, a raíz de sufrir una crisis personal, un conflicto o bloqueo, un desafío.

Los desafíos parecen derrumbarnos, pero en realidad están creados para derribar las barreras que nos hemos creado por el miedo y el juicio. Si permites que la crisis derribe esas barreras crearás una nueva conciencia en tu vida, que atraerá a tu vida las circunstancias adecuadas para que puedas cumplir con tu misión de vida.

En este momento de la historia es el que la humanidad debe ascender a un nuevo nivel de conciencia. De hecho ya lo está haciendo, posiblemente sea por la era Acuario. La humanidad está despertando a niveles muy grandes, pero aun así debe ascender mucho más y reconocer la Unidad y la oportunidad de los desafíos para crear más conciencia sobre toda la humanidad.

Tú estás creado para que tu alma ayude a la humanidad a ascender en conocimiento y consciencia basado en el amor. Al superar tus desafíos y encontrar la oportunidad que hay en ellos, estás contribuyendo a ayudar a la humanidad. **<u>No es por lo que hagas, sino por lo que eres</u>.** Tú nuevo ser de conciencia elevada hace crear conciencia y atraer más conciencia elevado al resto de la humanidad. Y cuantos más seres creen conciencia basada en el amor más fácil será que otras personas hagan la transmutación y el cambio hacia una nueva manera de **SER**.

Confía, ten fe. Te aseguro que no estás solo/a. Puedes afrontar todos los desafíos que tu alma necesita y vencerlos, eres una estrella valiente. Puede ser un maestro de la conciencia de luz y amor y llegar a todo el mundo, provocando felicidad y abundancia a tu vida y en la de los demás.

Tu vida aquí en la Tierra tiene un significado y es necesaria tu aportación única del Todo del que formas parte.

Somos hermanos de la misma estrella mayor. Estoy aquí para ayudarte y para que me ayudes tú a mí también. Creemos conciencia al planeta y cumplamos con la promesa de una nueva Tierra.

Así que…

OFRECE A LOS DEMÁS

DA...

A nivel del alma, el simple hecho del deseo de ofrecer a los demás, de dar, de ofrecer un servicio a los demás, es una gran motivación para planear ciertas experiencias en la vida.

Este deseo es una expresión del estado natural de nuestra casa.

Todas las personas somos expresiones individualizadas de ese ser. Somos estrellas de la misma unidad, de la gran bola de luz. Así que la expresión "*dar servicio a los demás*" realmente es **dar servicio a ti y a los demás**. Es dar servicio a todos dar servicio a la humanidad.

Imagínate a nivel de alma que, tú y yo planeamos una vida juntos. Cuando nos encontramos en un estado de conciencia de esa unidad sabes que yo soy tu y tú eres yo y por esa razón te sientes inclinado a darme servicio y a la inversa también, dado que tú eres yo. Yo deseo darte servicio a ti.

Es por eso que cada uno recibe lo que da. Aprendemos lo que enseñamos.

Uno de los errores que cometemos es centrarnos en nuestra evolución, en nuestro crecimiento, sin prestar atención en ayudar a los demás. Es decir, estar independiente del servicio a los demás. Realmente no es que sea un error porque no existen los errores, solo son aprendizajes, pero si es verdad que demasiado enfoque en uno mismo no se relaciona directamente con el progreso espiritual, sino que será la evolución más lenta.

Realmente, planeamos estar siempre al servicio de los demás para fomentar esta expansión y expresión de nuestro ser, pero cuando venimos se nos olvida y empezamos por nuestro crecimiento personal propio, sin tener en cuenta ofrecer a los demás.

¿Pero qué significa dar servicio? Dar servicio significa qué estás en un acto de generosidad, es decir, qué estás en función de dar. Un ejemplo claro sería como la función de unos padres de dar a sus hijos como forma de educación.

> *"Sigue el fluir universal. Cuando alguien da, recibir es un acto de generosidad, pues en esa entrega, siempre se gana algo".*
>
> **Dios vuelve en un Harley.**
>
> **Joan Brady.**

Pero a veces algunas funciones negativas también se planean antes de nacer. De hecho la mayoría de personas planean los mayores desafíos en la vida para su crecimiento.

Por ejemplo en mi caso, yo planifiqué con el alma de la persona que me maltrató para mi crecimiento. Es una forma de dar servicio, pero es una función negativa que me lleva a un crecimiento personal. Realmente se vuelve una función positiva, aunque no siempre lo hacen porque nosotros se lo hayamos pedido. Pero sí que todas las almas están de acuerdo para llevar el plan a cabo. Así que, ofrecer servicio a los demás está planificado siempre antes de nacer y después.

Así pues, se una alma generosa y ofrece a los demás todo lo que puedas ofrecer poner al servicio de la humanidad, todo lo que tú eres, expón y expande.

Así pues, se una alma generosa y ofrece a los demás todo lo que puedas ofrecer poner al servicio de la humanidad, todo lo que tú eres, expón y expande.

No TE RESISTAS

Si piensas que no tienes el suficiente coraje recuerda que cuando tu alma planeó venir a la Tierra a vivir la vida que vives, tuviste la oportunidad de aferrarte al miedo y a negarte a seguir el plan. Pero sin embargo, tuviste el *valor* de estar de acuerdo con él y eso solo lo hacen las almas más valientes. Solo ellas eligen venir a la Tierra. **Eres una gran estrella valiente.**

Y cuanto más difícil sea lo que planeas o lo que acuerdas, más valentía estás demostrando al aceptarlo. Si tienes muchos desafíos eso quiere decir que eres más valiente aún.

Si alguna vez olvidas lo valiente que eres, abre este libro y vuélvelo a leer porque este libro te ayudará a recordarlo.

Cuando surja el miedo no olvides que ya sabías antes de nacer que sería una parte importante de tu experiencia aquí en la Tierra. Así que, **conocer el miedo mientras estás volviendo es parte de tu plan**. Por eso debes de estar seguro/a de que solo las almas valientes planean tener miedo.

El valor que se requiere para planificar el miedo es el mismo que necesitas ahora para transformarlo y para encontrar tu propósito de vida, tu misión. Ese mismo valor que hará que tú misión aquí en la tierra concluya siendo un ser excelente y formidable en todos los sentidos.

El hecho de que estés aquí en la tierra da fe que tienes el valor necesario para transformar tus miedos en *amor*, para modificar, para cambiar, para avanzar, para crear. Precisamente el deseo de hacer todo esto es una de las razones por las que elegiste venir a la Tierra justo en este momento, en esta nueva era de cambio de conciencia.

En este despertar, es tu despertar.

Y una vez que terminas aquí en la Tierra tu experiencia, vuelves a nuevamente a fusionarte con tu alma. Bueno, realmente no es fusionarte, sino que nunca te separas de tu alma, pero sí se mezcla con tu conciencia de forma más completa. Tu alma reúne todas las condiciones para entrar de nuevo en comunión con tu Ser y elevarlo a una conciencia superior.

Es como una gota de agua del mar, realmente nunca se separa del mar; cuando se transforma se separa, pero cuando muere vuelve a unirse al mar en forma de lluvia, de la misma manera en que tú vuelves a unirte con tu alma y vuelves al hogar y a la Tierra.

> *"Aprendí que el coraje no era la ausencia del miedo, sino el triunfo sobre él. El valiente no es el que no siente miedo, sino el que vence ese temor".*
>
> **Nelson Mandela.**

Y tu alma se enriquece de todo lo que has aprendido, de todo aquello que has adquirido y que te llevas contigo, con todo lo que has experimentado en la vida.

Así que al final tu alma anhela la otra nueva vida física y así comienza la creación de una nueva personalidad. Y esta nueva personalidad que se crea es nueva. Realmente ya no serás quién eres ahora, así como ahora no eres el que eras antes de la anterior vida. Y vida tras vida dejas de ser quien eras para ser un nuevo ser.

Un ser más elevado en cada nueva vida.

Y no solo se forja tu alma, sino también se asocia con tu espíritu. Tu espíritu crece, se expande y se interconecta con tu alma. Tienes una nueva vida una nueva conciencia y te sientes completamente vinculado/a como una madre con su hijo y eres cada vez más consciente de tu mayor sabiduría.

El nuevo ser irá más allá del paradigma del aprendizaje sobre el sufrimiento. Al estar menos impulsado/a por el miedo descubrirás que la curiosidad, la creatividad, el amor, convierte en nuestras vidas en una gran motivación para crecer y aprender y sobretodo expandirnos.

Conforme el miedo disminuya y te sientas más seguro/a, satisfaces más tú curiosidad natural hacia tus semejantes, hacia los demás. Abandonas los límites innecesarios, te permitirá sentir lo que los demás sienten. Sentirás empatía con pasión por el prójimo y te comunicarás mucho mejor con ellos desde el amor.

Estás aquí en la tierra en este momento no solo para sanarte, entender los mensajes y encontrar tu propósito de vida, sino que también estás despertando conscientemente al recuerdo de tu alma. Tú sanación se completa cuando ves la luz de tu alma y sabes que esa luz eres tú realmente eres una fuente de luz y amor.

Eres una estrella de luz y amor.

Recuerda que provienes de una gran bola de luz y debes brillar con su misma intensidad. Crece, ama y expande tu alma y tu espíritu.

Recuerda quien eres…

Recopila

¿Qué mayor regalo podemos hacer por el mundo que contagiarlos con nuestros éxitos?

No hay nada más grande que expandir lo que somos a la humanidad. Es un acto de generosidad brutal superar tus desafíos y hablar a los que te rodean de todos tus éxitos. Si todos lo hiciéramos tendríamos un mundo mejor.

Pero ¿Qué nos enseña el mundo? Nos enseña a compadecernos de otros seres y darles lo que creen necesitar, eso es ser egoísta.

Muchos nos intentan hacer responsable de su sufrimiento cuando nos cuentan lo mal que les va la vida. Se ha creado una sociedad donde todos se vuelcan a esas personas para brindar ayuda y acaban haciéndose responsable de los problemas de los demás, cuando en realidad estas personas ya tienen los suyos propios. Esto es ser egoísta. Que cada cual cargue con su cruz. Todos somos responsables de nuestros propios problemas y nuestro deber es solucionarlos, porque si no lo haces también eres un egoísta.

Nunca me gustó que me llamaran egoísta porque siempre he intentado ayudar a todo el mundo, yo era de esas personas que se compadecen de las demás y pobrecitos ahí con sus problemas. Y lo que no me estaba dando cuenta que yo era una egoísta. ¿Sabes por qué? Porque dejaba de solucionar los míos para ayudar a los demás, cargaba con la cruz de los demás, además de la mía. Mira si era egoísta.

Pero cuando más me ha dolido que me llamen egoísta ha sido cuando me mentor me dijo: "*Eres egoísta si no cumples tus sueños*".

Ahí me mató. Ahí volvió a nacer Nuria. Empezó a amarse, y empezó a cumplir sus sueños.

Y sí, mi querida estrella valiente, yo te diré lo mismo. Si quieres ayudar a otras personas tan solo tienes que lograr tus sueños y luego enseñar la manera en cómo los conseguiste. Esa no solo es una acción de amor y solidaridad, sino que es tu misión.

Y con TU DON podrás lograrlo.

Es tan simple como seguir estos pasos que te acabo de mencionar.

Expandir no solo significa aportar a los demás, entregar lo que tú eres. Expandir es abrir tu corazón, es un acto de generosidad, es conectar tu corazón a tu alma y juntos elevar tu espíritu.

La comparación es todo lo contrario. Es hacer que tu corazón, que tu espíritu se contraiga, se haga pequeño. Jamás podrás ser feliz si te comparas con otras personas. Tú eres único/a. Es absurdo querer ser otra persona que no eres. Naciste siendo tú, vive tu vida y sé feliz.

Observa qué es lo que ocurre a tu alrededor. Es bello. Y si algo no lo es cámbialo, experimenta eso que vives. Todo nos hará crecer y seguir expandiendo nuestro corazón.

Da lo mejor de ti sin resistencias. Viniste a aprender esas lecciones que harán que tu corazón, tu espíritu crezca y se llene de gloria. Has sido muy valiente en elegir ciertas lecciones, ciertos desafíos. Te felicito por tu gran valentía. Ahora asume tu responsabilidad y sé igual de valiente que un día fuiste. Necesitarás la misma valentía para afrontar todos retos que la vida te dé.

Jamás olvides tu misión. La mía ya sabes cuál es…

233

Mi misión

AMOR PROPIO. Ese es mi gran secreto.

Amarme y aceptarme tal y como soy.

Te voy a contar una historia. Esta historia es mi camino, mi proceso hacia la autoestima. Hacia mi AMOR PROPIO.

Es un camino de pasar a ser una persona con muy poca autoestima, introvertida, triste o apenada a ser una persona que se valora, se ama, se expone y expande y es feliz.

Desde pequeña en el cole, con mi primer novio, con mi familia, creencias y miedos, esto era lo que vivía porque no me aceptaba tal y como era. Escuchaba a los demás antes que escucharme a mí. Con el tiempo he empezado a escucharme y lo que parecía desestructurado empezaba a tener forma.

Obviamente aún me queda mucho por aprender y por transitar. Seguiré trabajando en ello, superaré todos los retos que me ponga la vida. Pero a pesar de que aún me falta mucho por recorrer, sé que mis lecciones las aprendo más fácilmente ahora que cuando empecé el camino. Ahora tengo un nivel de conciencia más elevado y mayor comprensión.

Gracias a escribir esta saga, he logrado comprender, evolucionar, manifestar lo que realmente deseo. ¿Cómo? Pues poniendo en práctica todo lo que explico en estos libros, siguiendo entrenando con los mejores mentores, leyendo mucho y sobretodo manteniéndome siempre en estado de NO SABER cada día.

Quizás mi historia te pueda ayudar a tomar más conciencia, a valorarte más y a amarte inmensamente.

Estos libros no van sobre la autoestima, el valor, el amor, en sí. Pero sin embargo, creo oportuno hablar de estos temas porque es fundamental. No sin antes hablar de todas los aspectos del Ser; el Amor es la FUENTE de toda sanación, el alimento para tu alma, y la conexión con los demás seres. También es el motor que te impulsará a encontrar tu misión de vida. El amor hace que ames TU DON.

> *"El amor es la gran cura milagrosa. Amarnos a nosotros mismos hace milagros en nuestras vidas".*
>
> **Louise L. Hay.**

En ocasiones pensamos que cuando suceden cosas diferentes nos vamos a ver más allá; cuando tenga la pareja que deseo, cuando tenga la casa de mis sueños, cuando tenga esa profesión, cuando me recupere de esa enfermedad, me voy a amar más y seré más feliz. Pensamos constantemente que cuando sucedan otras cosas, nos sentiremos más felices. Pero realmente así no es. Ahí es cuando puedes ver lo poco que te AMAS.

Si esperas siempre que sean las demás circunstancias las que influyan para sentirte amado/a estás dejando que lo demás tenga el control sobre ti. Estás equivocado/a si piensas que así serás feliz; sentirte reconocido/a, amado/a, que te vean como tú quieres, que te admiran más. Realmente tu mundo exterior es una extensión de tu mundo interior, de lo que estás siendo en este momento.

A nuestro alrededor siempre hay personas que nos recuerdan lo importante que es el autoestima, el quererse, el valorarte, como eres en este mismo instante, sin esa necesidad de ser aceptado. Tal cual. Sin esos millones, sin ese trabajo, sin esa pareja, sin máscaras, sin maquillarse.

Todo es perfecto.

Te quiero contar mi historia de no hace tanto tiempo atrás. Si leíste el primer libro de la saga TU DON, en mi historia, y a lo largo de la saga, te cuento cuando somaticé la urticaria por todo mi cuerpo. Aunque no te parezca algo terrible para mi si lo fue porque no sabía por qué había llegado a mí y cómo eliminarla, como sanarla. Lo pase muy mal. Verdaderamente mal.

Imagínate verte todos los días el cuerpo lleno de urticaria, todas esas manchas rojas e inflamadas en mi piel, con muchos picores y que se iba extendiendo por el resto de mi cuerpo. Las manos y las piernas hinchadas y hasta en la cabeza. No solo era el picor, sino el dolor que me producía y un escozor horrible.

Cuando fui al médico me dijo que no era ninguna reacción a una comida. Bueno, en realidad, al principio sí que pensaron que era por ese motivo, pero como la urticaria se iba de un sitio a otro de mi cuerpo quedó descartado. Me dijeron que era estrés y que poco a poco se me iría yendo.

Los medicamentos que me dieron me hacían efecto mientras los tomaba, pero cuando bajaba la dosis o terminaba el tratamiento volvía la urticaria. Me pasé todo el verano sin salir, ni tomar el sol, encerrada y encima tenía que tener especial cuidado con según qué prendas de vestir. Para mí fue algo muy traumático, porque verme en el espejo todas esas manchas rojas y ver que mi piel estaba inflamada, saber que no me podía poner nada, tan solo una crema que aliviaba los picores. Imagínate todo un verano en casa, sin poder ir a la playa a tomar el sol, sin poderme bañar en el mar o la piscina. Ver a todas las personas disfrutar de todo eso, ver a mi familia y amigos bronceados y disfrutando del verano.

La parte positiva de esta historia es que gracias a esa situación en la que me vi, pude escribir todos estos libros. Dediqué muchas horas aunque el dolor y picor era insoportable, por no decir que los efectos secundarios de los medicamentos hacían estragos en mi cuerpo.

Hice todo tipo de terapias; regresiones, reiki, meditaciones, hasta me dieron consejos otros profesionales de qué debía tomar vitaminas, probióticos, etc. Y nada. Nada de lo que probaba me funcionaba. Y no solo no funcionaba, sino que parecía que empeorara. Era como si la urticaria tomara una furia, como un resentimiento, como si se enfadara.

Mi FE se debilitó. Pensé que nunca podía salir esa. Que no tenía cura. Hasta los médicos me dijeron que no hay cura para la urticaria, es algo que se manifiesta pero no se sabe a qué es debido. Y cuando ya parecía rendirme, sin esperanza de encontrar la solución, me senté a meditar y dije que por favor me dieran la solución o la causa del porqué tenía esa urticaria.

Y al sentarme a pedir esa respuesta me encontré con mi ego, el cual había crecido por todo lo que había creado, ese programa. Pude verificar que los programas existen. Ese grupo de creencias repetidas y manifestadas una y otra vez. Y ver como funcionamos en piloto automático todos los seres humanos. <u>Ahora ya todo va teniendo su significado</u>.

Ese día descubrí que eran miedos internos que no exterioricé y se manifestó en mi piel.

En vez de indagar lo que había detrás de la urticaria lo que hice fue agrandar mi ego, con más miedos.

Cuando observé la enfermedad desde fuera, e indagué cómo y cuándo podía haber sido la causa, entonces fue cuando me di cuenta de que fue a raíz de escribir mi historia. Me inscribí en un programa con mi mentor para lanzar esta trilogía de libros y para exponer a través de nuestros desafíos todo lo que habíamos logrado y así ayudar a otras personas que puedan estar pasando por esas dificultades.

Ahí me di cuenta que algo no había sanado dentro de mí. Entonces sané la causa; un miedo a exponer lo que me ocurrió cuando era adolescente, cuando decidí abortar y nunca me perdoné. Tenía miedo al qué dirán y que mi familia me juzgara y mil miedos más.

El caso es que, al principio, lo asocié con problemas amorosos, pues mi pareja y yo estábamos pasando malos momentos y justo fue cuando rompimos. Pero pasaban los días y no se iba la urticaria. Así que una vez más, se confirmó que era mi ego, mi miedo para no afrontar esa situación de sanar el pasado.

Quizás te preguntes que porqué te estoy contando todo esto. Que no te importa a ti mis cosas personales. Puede que no, pero si te lo cuento es para explicarte, y sobretodo demostraste, que tus peores miedos puedes ser derrumbados. Puedes enfrentarte a ellos.

MIEDO =EGO

Y si le damos fuerza al ego aumentarán nuestros miedos. No se expandirá nuestro espíritu.

El miedo no existe, no es real. Es una invención del ego.

Es creado por nuestro ego, igual que todas las creencias que nos han inculcado, son parte del ego de los demás. Sé tú mismo/a. No vivas la vida de los demás, no agrandes tus miedos. Enfréntate a ellos y brilla.

ERES UNA ESTRELLA VALIENTE

"Muchos de nosotros no vivimos nuestros sueños porque vivimos nuestros miedos".

Les Brown.

Muchas veces pensamos que todo es mucho más grande de lo que realmente es. A veces profundizamos tanto y creemos que viene de algo muy lejos, nos sobrepasa. En muchas ocasiones tenemos el desafío delante de nuestras narices.

Yo creía que era de vidas pasadas, algo karmático, alguna decisión que tomé en otras vidas y resulta que lo tenía delante de mí, en mi ordenador, entre líneas y que me estaba diciendo que sanara lo que dejé pendiente por esas creencias.

Deja de agrandar el ego pensando que tienes la peor situación del mundo o la peor enfermedad. Deja de alimentar a ese monstruo que nos da miedo.

Ponte delante de él y plántale cara.

Y aquí estoy plantándole cara al mío, queriéndome más que nunca. Haciendo crecer MI AMOR PROPIO.

ME AMO Y ME ACEPTO COMPLETAMENTE.

¿Y tú?

¿Te amas?

¿Te aceptas?

MENSAJE DE TU DIVINIDAD

TU ESPÍRITU QUIERE QUE SEPAS...

Tu Espíritu quiere que sepas que debes conservar tu fe, tus sueños se están realizando. Tus deseos del corazón están siendo expresados y manifestados. La deuda que tenías del pasado está totalmente saldada. Ese antiguo hábito de cargar con ese peso se ha eliminado de tu vida.

Expresa tu forma de ser. Muéstrate tal cual eres. No intentes aparentar aquello que no eres. Vive tu vida y enseña a los demás cómo resolviste todos los desafíos con tus experiencias. Mantén la risa en tu rostro. Diviértete en todos los procesos, pues solo son vivencias para crecer. Ríe.

Acepta tus verdaderos sentimientos de amor hacia el prójimo. Lucha por conservar tus valores y sentimientos. Sé honesto/a contigo y con todas las personas que te rodean. Sólo tú sabes lo que realmente necesitas y cuáles son tus deseos. Tómate un descanso, retiro o vacaciones cuando necesites reflexionar y meditar.

Tu espíritu quiere que saques la verdad que hay en ti.

Tu Espíritu desea que seas feliz, que te unas a ese ser tan amado. Debes celebrar esa unión como acto de amor incondicional. Estrecha la relación y el acercamiento cada día. Ámalo. Pero hazlo desde el amor, desde mí, desde tu espíritu, tu corazón. Obtendrás paz mental cuando recuperes ese amor que nace de ti.

No te preocupes, todo va a salir bien, de hecho está saliendo ya de maravilla, aunque a veces no lo veas así. Todo forma parte de un plan divino y perfecto. Todo está bien. Muestra tus verdaderos sentimientos en todo lo que hagas. Hónralos, sé fiel a esos sentimientos del corazón, pues ellos elevan a tu espíritu.

Tu espíritu desea que tu bondad sea ilimitada. Que tus acciones las hagas con amor. No quiere que seas benevolente, sino que lo que realices sea con amor. Sé solidario y ayuda, esa es tu gran verdad. Tus deseos ya están concedidos y todo aquello que pediste se ha hecho realidad. Abre tus brazos para recibir tus deseos.

Haz de tu fuente tu hogar permanente. Pero el hogar de tu cuerpo debes tenerlo allí donde vibre contigo. Si no vibra cámbiate de lugar hacia una dirección correcta, guíate por tu corazón. Mira dentro de ti. ¿Qué sientes? ¿Sientes que estás donde quieres estar?

Pon rumbo a tus sueños.

Sana todo el pasado que no te deja vivir. Y cuando des pasos verás que aún hay más por sanar. Sanar es el clave del crecimiento y evolución del ser. Perdona quien te ofendió, libera esas cadenas que no te dejan avanzar y verás como todos tus deseos se realizan. Distánciate del problema y obsérvalo desde fuera. Los ojos ven mejor desde fuera que desde dentro.

Tu verdadero yo se está mostrando con tus acciones y actitudes. Saca tu niño interior, en ocasiones así lo pide para evadir tantas preocupaciones que los adultos tienen. Sal y diviértete.

Tu Espíritu quiere que sepas que una nueva labor se te es encomendada. Un nuevo trabajo con una gran misión está siendo puesto en tu camino. Enfócate porque te va a traer muchas bendiciones y tú también regalarás esas mismas bendiciones a los demás. Haz nuevos amigos con quien compartir tus logros. Amigos verdaderos que sepan agradecer tu amistad y se alegren de tus éxitos. Con esos mismo éxitos que ellos tendrán.

Tu corazón ha sanado de tu dolor emocional causado por experiencias dolorosas. Recibirás bendiciones. Saca tu poder interno de sanación, de mensajes y transmite tu don.

Crea y confía en ese nuevo proyecto que tienes entre manos. Se está gestando tu mejor legado. Bendice con tu don.

Esta oportunidad es un regalo divino del Universo.

Las respuestas a todo lo que te preocupa las hallarás cuando tu mente descanse, mantenla en estado de vacaciones y así recuperarás el control y te sentirás seguro/a de tus decisiones, con amor.

Aléjate de aquello que te haga daño. Abandona situaciones que no son sanas para ti y abre otras puertas. Tu problema está resuelto. Se ha estado trabajando en la trastienda para ti.

Tu Espíritu quiere que sepas que existe magia en la naturaleza, no olvides de estar en contacto con ella. Investiga cualquier situación y expande ese poder que hay dentro de ti.

EXPANDE TU DON.

REVELACIONES DE MI GUÍA

Cuando no sabemos qué hacer podemos tomar dos caminos: Escuchar a tu Ego o al Universo.

- Tu **EGO es la mente independiente** que se basa en las experiencias y circunstancias del pasado y crea historias no reales del futuro. No conoce el presente. El Ego son tus miedos, creencias, programas, todo lo que tienes grabado en tu subconsciente que no te deja avanzar. No puedes confiar en él porque lo que quiere es protegerte de las historias ilusorias que crea.

- El **UNIVERSO es la mente Superior**. Es luz y amor. Todo lo que no es luz es una ilusión. Cuando confías en él empieza a darte conocimiento, información. Cuando conectas con la luz, te vuelves más consciente de tu propia luz. El Universo te mantiene en constante información para tomar tus mejores decisiones. Te manda señales de alerta para guiar tu camino.

Pero ¿qué sucede, a veces, cuando intentas tomar conciencia y acción y sientes que algo te frena y que te impide seguir? Algo verdaderamente muy potente que te frena.

Pregunté a mi guía y me mostró algo increíble. Me llegó una información sobre las personalidades.

Sabemos que a nivel terrenal existen estas personalidades y que cuando el Ego entra, se convierte esta mente independiente en una personalidad independiente. Es decir, actúa sin tener en cuenta tus necesidades y anhelos del alma.

Pero lo sorprendente es saber que **el Alma y el Espíritu tienen personalidad propia también**. Puede que pienses que esto proviene del apego o de los miedos, ya que se suele definir la palabra personalidad a algo creado por el Ego. Pero realmente no es así.

<u>Personalidad significa, en este caso, que tienen su propia manera de identificarse, de crearse. No tiene nada que ver con lo referente a lo terrenal o el Ego.</u>

Somos seres que poseemos distintas personalidades y no hablo de las psíquicas, que también existen. Hay ciertas personas que sí las tienen. Por ejemplo; las personas que padecen de enfermedad psíquica como la bipolaridad o bien el trastorno de personalidad múltiple (MID, MPD). Éstas son personalidades de la mente.

Cuando digo que poseemos varias personalidades, me refiero a las del Alma y el Espíritu, y evidentemente, también existen las del Ego, como hemos visto ya.

Son identidades independientes.

El caso es que la información que he recibido sobre dichas personalidades es curiosa; cuando tratamos de hacer algo y no os hacemos no sólo influye la personalidad del Ego, sino la del Alma y Espíritu. Si no están alineadas no llegaremos a hacer lo que deseamos no conseguiremos objetivos ni mucho menos éxitos.

El éxito lo podremos lograr sincronizando todas las personalidades de nuestro SER. Por una frecuencia concreta se mueven y no encajan las unas con las otras. Hay contradicciones y esto sucede por las necesidades de cada una.

Pero si no logramos encajarlas todas no obtendremos lo que queremos. ¿Y cómo se hace esto? Pues conociendo y estudiando todas tus personalidades. Cuando las conocer tienes un dominio, sabes cuándo y cómo actuar; qué días tienes una personalidad más álmica y qué días tienes una personalidad más terrenal.

Así logras una completa conexión. Ya sabes que no todos los días tenemos la misma vibración y el mismo estado.

Ningún día es igual.

Así como nuestra misión de vida es una personalidad energética. Tu alma tiene unos programas igual que tu mente y el ego, y es por so que existen esas personalidades.

Tu alma tiene una trayectoria ya recorrida, una historia, tiene un pasado, y es lo que ha hecho que se constituyera la personalidad de tu alma. Así escomo identificas los dones, talentos y habilidades que tienes, aquello que te gusta hacer, etc.

En el caso del Espíritu, lo que sucede es distinto. Él tiene su propia personalidad pero está creada antes de tu existencia. Es el Ser puro y abundante que eres. Es decir, que su personalidad es la personalidad de tu esencia pura, lo que tú eres.

El alma tiene identidades creadas y el Espíritu tiene identidades innatas.

Por eso a veces tu Alma, tu Mente y tu Espíritu no se ponen de acuerdo.

Imagínate por un momento: El Espíritu te dice quién y qué eres, tu Alma te dice que para serlo antes debe sanar, ella lo desea. Y tu Mente te dice que no lo puedes hacer por el dolor que le causó a tu alma en algún momento de tu vida. ¡Cada una toma una dirección distinta! ¡Es una locura poder ponerse de acuerdo así y lograr tus sueños!

El gran secreto está en conocer todas estas personalidades de tu SER a fondo, identificarlas, y hacer que MENTE, ALMA Y ESPÍRITU vayan en la misma dirección → → → →Hacia tu éxito.

¿Te gustaría saber más sobre ello?

¿Te gustaría poder conocer y controlar todas las personalidades de tu SER?

¿Te gustaría cumplir tus sueños?

Próximamente conocerás TU DON de Identificar todas las personalidades de TU SER…

DEJA DE CUMPLIR AÑOS SIN CUMPLIR TUS SUEÑOS

Es duro romper con los moldes y empoderarte, pero más duro es cumplir los años sin cumplir tus sueños.

En el momento que dejas de cumplir tus sueños estás muerto/a. Y eso duele mucho más que todo lo que tienes que pasar, el precio que debes pagar para lograrlo, para llegar a tu sueño.

¿Y qué tal si cumples tus sueños?

¡Pon fecha y celebra ese día!

¡Feliz cumplesueños!

Te espero prontito…

En el fondo del centro de mi ser hay un pozo infinito de gratitud. Lleno mi corazón, mi cuerpo, mi mente, mi consciencia y todo mi ser con esta gratitud, que sale de mí en todas direcciones, llega a todo lo que hay en mi mundo y vuelve a mí en todas direcciones, llega a todo lo que hay en mi mundo en forma de más cosas por las que sentirme agradecida. Cuanta más gratitud siento, más consciente soy de que la provisión es infinita. Expresar mi gratitud me hace sentir bien, es como un agradable calorcito en mi vida.

Estoy agradecida por mí y por mi cuerpo. Agradezco mi capacidad de ver y oír, de sentir, de saborear y tocar. Agradezco mi casa y cuido amorosamente de ella. Doy gracias por mis familiares y amigos y disfruto de su compañía. Agradezco mim trabajo y en todo momento le doy lo mejor de mí. Agradezco mis talentos y capacidades y los expreso constantemente de maneras que me satisfacen . Doy gracias por mis ingresos y sé que prospero adondequiera que vaya. Agradezco mis experiencias pasadas porque sé que forman parte del crecimiento de mi alma. Agradezco la naturaleza entera y respeto a todos los seres vivos. Doy gracias por el día de hoy y por todas las mañanas que han de venir. Siento gratitud por la vida ahora y siempre.
-Louise L. Hay-

¿ME QUIERES AYUDAR A AYUDAR?

Una de las cosas que me causado felicidad siempre es el por **AYUDAR** a todos aquellos que me necesitan. Tener todos estos conocimientos me ha llevado a COMPARTIR-LOS a todas las personas que me rodean y poder **MEJO-RAR SUS VIDAS**.

Como bien sabes, todos estos conocimientos han transformado mi vida por completo, y la de familiares, amigos, clientas. Han visto cómo sus vidas han mejorado; ahora tienen mejor salud, sienten más paz y felicidad.

ME SIENTO BENDECIDA POR PODER TRANSMITIR TODOS ESTOS CONOCIMIENTOS, QUE DIOS Y MIS GUÍAS ME ACOMPAÑEN SIEMPRE.

GRACIAS, GRACIAS, GRACIAS.

AMO A TODO EL SER HUMANO, Y A TODO SER VIVO Y MI DESEO ES PODER AYUDAR A SANAR, TRANSMU-TAR Y ACOMPAÑAR A TODOS ELLOS.

Mi **SUEÑO** es poder llegar a **MILES DE PERSONAS**, que puedan descubrir sus **DONES y TRANSFORMEN SUS VIDAS**.

Me gustaría preguntarte: ¿Te ha gustado este libro? ¿Has logrado conectar con tu Espíritu y descubrir a qué viniste? ¿Has creado TU DON de sanar? ¿Te gustaría ayudar a más personas con lo que has descubierto? ¿Te gustaría que todas las personas que te rodean, familiares, amigos, compañeros de trabajo, todos ellos conocieran también su DON?

Ahora necesito ayuda; necesito que todo lo que he aprendido caiga en más manos que lo necesitan. Y ¿sabes por qué? **PORQUE ES MI LABOR EL DEJAR ESTE LEGADO QUE ME FUE ENCOMENDADO.**

Y también, como te conté en el libro, por la ley del **DAR Y RECIBIR**. Lo que siembras, recogerás. Y si lo que das es GRANDE más MUCHAS MÁS GRANDE ES LO QUE RECIBES.

Por eso te pido **AYUDA: BENDICE A OTROS SERES.**

¿Conoces a alguien que crees que este libro le pueda ayudar? ¿Sí? Pues tan solo tiene que tomar acción.

Tu corazón, tu alma y tu espíritu, igual que los míos, estarán llenos de luz, amor, paz, alegría y felicidad.

Ya sabes que el Universo te lo trae **MULTIPLICADO**.

Pero lo mejor de todo es que, me ayudes o no, me siento inmensamente agradecida de corazón porque has adquirido este libro y tu vida se haya transformado.

Y si lo has adquirido ya estás aportando algo muy grande. Un porcentaje de este libro está destinado a personas y/o organizaciones para las personas que necesiten ayuda y sobre todo para cumplir con mi promesa de llegar a más personas que como yo han sufrido y han pasado por situaciones tan dolorosas.

GRACIAS, GRACIAS, GRACIAS.

Te amo inmensamente mi estrella valiente.

Nuria.

 Nuria Sala Bergillos

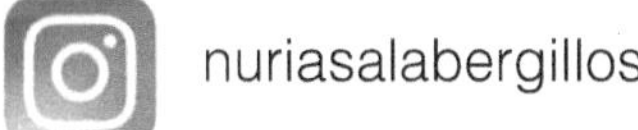 nuriasalabergillos

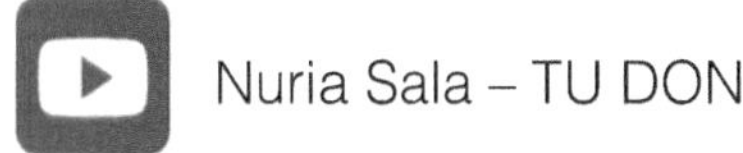 Nuria Sala – TU DON

 nuriasalabergillos@gmail.com

Visita mi página web: www.nuriasalabergillos.com

"LA VOZ DE TU ALMA"

En aquel evento tan revelador pude comprobar como LA VOZ DE TU ALMA había cambiado algo en mí. Era algo muy grande lo que crecía en mi ser. Me llevó a transformar mi mente, mi alma y mi espíritu.

Salí con la clara intención de crear aquello que ya estaba dentro de mí. Esa esencia que con el libro me desató el gran poder de traspasar todos los límites creados por mi mente.

LA VOZ DE TU ALMA es el principio de una nueva vida. Es el paso que necesitas para impulsar tu alma y sentirte agradecido/a por esa bendición.

En la primera lectura sentí la explosión, pero en las siguientes lecturas llegué a una gran comprensión. Sentí los "por qué" y los motivos que me llevaron ahí.

Toda la saga de LA VOZ DE TU ALMA ha hecho que hoy esté aquí escribiendo mi propia saga. Ha sido la detonación del evento lo que me impulsó, pero lo cierto es que, el inicio se provocó en las primeras líneas de esta trepidante saga de LA VOZ DE TU ALMA.

Sané todos los aspectos de mi Ser. Conocí lo que la mente trataba de hacer conmigo, sus planes. Acepté que todo lo que me sucedía formaba parte de un plan. Entendí todos los mensajes del Universo y encontré mi misión de vida.

Me siento enormemente agradecida porque este libro cayera en mis manos, porque no solo me bendijo a mí, sino a las personas que me aman, todas las personas que me rodean y lo mejor, bendice también a las personas que me siguen y desean obtener mi propia obra.

Así que tú mi querida estrella valiente, que estás leyendo mis obras, debes saber que es gracias a que un día cayó en mis manos LA VOZ DE TU ALMA. Que un día desperté de un trance que durante años me cegó. Este libro me brindó la oportunidad de despejar todas esas vendas y abrir mi corazón para expandirse hacia un propósito; que seas FELIZ.

Conocer a tantas personas maravillosas, tan buenos momentos, aprender de todas las enseñanzas de mi mentor y autor de LA VOZ DE TU ALMA, es unas cuantas cosas entre millones de sensaciones más que me ha hecho avivar y florecer este increíble libro.

Es un libro mágico, pues es como si tuviera una varita en la cual transforma automáticamente cada palabra, cada frase, cada línea, cada párrafo en tus sueños.

Ilumina el camino a millones de personas. Es un manual de la vida con instrucciones valiosas e increíbles secretos donde tu corazón se llenará de gozo y sabiduría. Sigue las palpitaciones de tu corazón. Desde que lo hice yo, mi vida cambió.

Jamás he vuelto a ser la misma desde este bendito libro llegó a mi vida. Nunca olvidaré lo que LA VOZ DE TU ALMA hizo conmigo. Gracias, gracias, gracias.

Así que te recomiendo que entres ahora mismo en su página web y consigue este maravilloso y mágico libro:

www.laingarciacalvo.com

LA VOZ DE TU
ALMA
LAIN

ILUMINA EL CAMINO

Como te he dicho antes, un porcentaje de este libro, concretamente un 10%, va destinado a ayudar a personas que lo necesitan. Siento que es una labor muy grande la de todos los seres de luz como tú ilumine el camino a otros seres.

Y qué mejor manera de hacerlo que proyectando tu luz hacia nuevos horizontes. Dime ¿Te sientes bien ayudando a los demás? ¿Eres feliz cuando lo haces? Déjame decirte que eres un ser muy bendecido si es así.

Así que sigamos bendiciendo almas. **¡SIGAMOS ILUMINANDO EL CAMINO!**

¿QUIERES PERTENECER AL GRUPO DE ESTRELLAS VALIENTES?

Cuando varias almas se reúnen pueden crear millones más de ilusiones, magia, amor y muchísimas maravillas más.

¿Te imaginas un grupo de estrellas juntas lo que podrían iluminar?

¿Te gustaría formar parte de este grupo de estrellas?

¿CÓMO FORMAR PARTE DE ESTA CONSTELACIÓN MARAVILLOSA?

Regala o recomienda este libro a 5 personas a las que creas que necesiten o le gustaría esta lectura.

Después me mandas un correo electrónico nuriasalabergillos@gmail.com y me cuentas cómo ha sido tu experiencia con una foto tuya y yo lo compartiré en mi página web en la sección de ILUMINA EL CAMINO. Así todo el mundo sabrá que tú también has formado parte de este maravilloso DON de ayudar a miles de personas.

Solo me queda decirte; millones de gracias por ser parte de esta maravillosa constelación de ESTRELLAS VALIENTES que se han atrevido a elegir una vida con obstáculos para aprender unas increíbles lecciones y trascender.

Te deseo un camino lleno de luz y amor. Millones de bendiciones, felicidad y abundancia infinita.

¡Hasta prontito!

Abrazos de luz y amor.

Nuria.

UNA COSITA MÁS...

Si durante la lectura has sentido algún chispazo de luz en tu alma y sientes que debes compartirlo, te brindo a que le saques una foto a esa frase que te ha inspirado y la cuelgues en las redes sociales. Pon **#tudontalentounico** y sabré qué parte es la que más te ha inspirado de este libro.

Y como puedes ver, para mí es muy importante tu opinión y sobre todo tu cambio, tu transformación, me encantaría que me mandaras un correo nuriasalabergillos@gmail.com y me cuentes tu experiencia con la lectura de este libro y qué resultados has tenido. Mándamelo junto a una foto tuya con el libro.

También puedes dejarme un comentario en la página web www.nuriasalabergillos.com o en Amazon.

Y AHORA TU REGALO...

Sí sí, has leído bien. Con todo lo que te acabo de pedir, no creerás que no te voy a premiar por ello ¿verdad?

Pues así es. Te regalo una sesión de 30 minutos de canalización para una pregunta en concreto, algo que necesites que tus guías te aconsejen.

Genial ¿verdad? Seguro que ahora mismo acaban de verte varias cosas qué consultar. Así que voy a contribuir para que tengas claridad en lo que necesites.

Estoy deseando poder ayudarte.

Millones de gracias. Bendiciones.

Te amo inmensamente.

Nuria.

¿Y AHORA QUÉ?

Ahora ya estás preparado/a para la siguiente fase.

Estás a punto de encontrar un gran secreto.

Pero antes, si aún no has leído los anteriores libros,
conséguelos…

Puedes adquirirlos en www.nuriasalabergillos.com